Los mitos de Platón

Karl Reinhardt

Los mitos de Platón

Traducción de Miguel Alberti

Herder

Título original: Platons Mythen
Traducción: Miguel Alberti
Diseño de la cubierta: Toni Cabré

© 2017, *Vittorio Klostermann GmbH, Frankfurt del Meno*
© 2021, *Herder Editorial, S.L., Barcelona*

ISBN: 978-84-254-4502-6

Imprenta: Qpprint
Depósito legal: B-16.317-2021

Impreso en España – Printed in Spain

Herder
www.herdereditorial.com

Índice

Prólogo

El propósito de este ensayo no es analizar los mitos de Platón ordenadamente uno por uno. Y no se evita la desproporción. Tampoco sería aquí la desproporción el más grave de los defectos posibles. Seamos francos: en Platón siempre acaba quedando una buena porción de incomprensión. Las explicaciones completas solo son completas hacia el interior de sí mismas: mejor ni preguntar cuánto quedó afuera, en Platón.[1]

---

[1] Dos invitaciones para dar conferencias —una hace años, para la Asociación de Arte de Hamburgo, y la otra hace poco, para un evento similar en Frankfurt— dieron el impulso inicial para esta publicación. —30 de marzo de 1926. [En 1938 se programó una nueva edición del libro que finalmente no llegó a realizarse. Para ella se redactó, en julio de 1938, el siguiente prólogo: La segunda edición incorporó un par de agregados. Sobre todo precisaban aclaraciones el capítulo sobre el *Timeo* y el capítulo final. No ha podido modificarse nada a los condicionamientos que la época le impuso a este ensayo en su conjunto. Téngase en cuenta que, cuando este surgió, era el *mŷthos* de Platón el que parecía estar en desventaja respecto de su *lógos*, y no al contrario.]

La época

La conquista del mito, en Platón, es la reconquista de los dominios perdidos de sus antepasados. Pero estos dominios antiguos estaban ya perdidos a punto tal que Platón casi parece aquel que salió en busca de una burra y acabó ganando un reino. Una vez que este dominio es conseguido, comprendemos que aquel —el que había salido— había sido desde el primer momento su rey sin corona.

Hemos de discurrir acerca de la evolución de una forma literaria, sin por ello creer que se llega muy lejos con las formas en sí mismas: Platón, incluso, fue el primero en enseñar, en épocas de una literatura naciente, el carácter supraliterario de la «palabra viva». En cualquier caso, lo literario, bien entendido —es decir, como un medio para la comprensión, para uno mismo y para otros— puede enseñarnos algo: hasta dónde no hemos comprendido a Platón. Se trata, o debería tratarse, de fuerzas. Podemos quizás decir en dónde deben yacer, quizás librarlas de la ruina, pero no podemos despertarlas. Lo más elevado que el erudito es capaz de hacer es seguir siendo un desenterrador de regios esqueletos.

El mito griego murió durante la juventud de Platón. El intelecto, que se elevó por encima del mundo y de los dioses; el arte, superando al culto; y el individuo, que se ubicó por sobre el Estado y las leyes, destruyeron el mundo mítico. Estas tres transformaciones, en el arte, la religión y el Estado, son siempre indicios de una única transformación interior que se denomina «sofística» o «ilustración» —a raíz del predominio que obtiene en ella el intelecto— sin que de este modo se abarque la totalidad del fenómeno.

Se tiene a la sofística por una época de racionalismo o de degradación y, por ende, se ve en Platón la emergencia de una nueva ética, una nueva religión y una nueva mística. Denominaciones de esta clase funcionan como recipientes en los que ciertamente caben Platón y la sofística pero también muchas otras cosas. ¿Qué es lo que ocurrió?

Lo que llamamos «sofística» debe su esencia y su magnitud a la incompatibilidad y la tensión que existen entre el fin y el medio, y, al mismo tiempo, a la heterogeneidad, dentro de este movimiento, entre quienes fueron maestros y quienes aprendieron de ellos. Ambas partes se atraen mutuamente con fuerza y sin embargo se repelen; entre ellos se entienden, pero cada uno piensa algo distinto por su propia cuenta. «Sofística» se llama a la avanzada de un ejército no muy grande de cabezas ilustradas y capacitadas, de existencias desarraigadas, de maestros de sabiduría profesionales sobre la generación más joven de los estratos sociales más acomodados. Es una marcha con un frente alargado, de poca profundidad, con un flanco de armas ligeras y otro de equipamiento pesado. Con una se apunta a la conversación, se dominan las exigencias del saber y del ingenio y se ataca a los adversarios desde la posición de la exhibición, la competencia y el juego con las palabras y los pensamientos. Con la otra ala se avanza hacia la praxis: se le pasa por encima a todo aquello con lo que se tope en cuanto a preparación y educación para la vida y se avanza atropelladamente por sobre cualquier obstáculo, portando el estandarte del poder del espíritu superior y cultivado. Se educa y se juega. Aquello con lo que se juega es variado: discursos, fábulas, la sonoridad de las palabras, parábolas, interpretaciones, alegorías... Pero, sobre todo, se juega de buena gana con dudas, con manifestaciones de escepticismo o de desenfado. La naturaleza refinada encuentra placer en este tipo de juegos (lo cierto es que uno no elegiría el fuego para jugar si jugar con fuego no fuera peligroso). Se *educa* por medio del saber y se promete la salvación a partir de una cosa que se promociona como *téchne* o *epistéme*. Todos los sofistas coinciden en su creencia en el poder inmenso de la *téchne*, aunque las artes que practican en particular puedan ser muy diversas. La *téchne*, en la comprensión sofística, no es ni ciencia ni filosofía ni arte en el sentido, por ejemplo, de las *artes liberales*, sino un sistema de artificios del intelecto que aspira a completar, producir o superar aquello que hasta entonces había sido el admirado fruto de un crecimiento orgánico. La *téchne*, en este sentido, deviene la esencia de todas las relaciones humanas. Lo que en Eurípides era virtuosismo tiene este mismo origen: el artificio consciente que se pone a sí mismo en escena en el arte es un síntoma de la misma inversión de la relación entre fuerzas de regulación y fuerzas de creación que el que se da en el artificio puesto en práctica para producir una persona ideal. El mismo artificio con el que uno cree dominar todo lo viviente identifica su viva imagen en el espejo de lo pasado. El tirano Critias enseña, desde la altura del escenario, con la máscara de Sísifo: en el principio había una guerra de todos contra todos; la instauración de las leyes acabó con los crímenes manifiestos, pero contra los ocultos no podía hacerse nada; entonces un hombre inteligente y de espíritu fuerte *inventó* la fe en la divinidad como un medio para atemorizar a los malvados, también respecto de lo que decían, hacían o pensaban en secreto. Y, tal como ocurría antiguamente, según Critias, también en el presente los espíritus superiores tienen el poder de dominar las representaciones ajenas y, con ello, al mismo tiempo, el poder de darle forma a la realidad de la vida y del Estado. Pues no hay ninguna realidad por fuera de las representaciones (Protágoras, según el *Teeteto* de Platón, 167c). Los primeros desarrollos de la sofística, objeto de la complacencia de Protágoras en el diálogo de Platón que lleva su nombre, se explican a partir de esta misma interpretación de todo educar, de todo actuar y de todo enseñar como un sistema de artificios. La sofística, según lo que él informa, es muy antigua. La cosa existió siempre: solo le faltaba el nombre. Homero, Hesíodo, Simónides y los órficos eran sofistas disfrazados. Y un sofista más reciente fue el célebre músico Agatocles: en función de lo que podemos inferir a partir de su escuela, era considerado el padre de todas las distinciones y de las categorías de aplicación práctica en la música educativa. Lo mismo con el paidotribo Heródico de Selimbria, el padre de la gimnasia curativa, inventor de un ingenioso sistema de artificios para lograr lo que, sin él, la naturaleza por sí misma podía lograr o no lograr. Y cuando Platón mismo en el *Gorgias* comparó la sofística con el arte de embellecer (o «cosmética»), y en la comparación la ubicó como una especie derivada, en contraposición al auténtico arte de la formación del cuerpo —la gimnasia—, lo hizo ciertamente con la intención de desacreditarla, pero al mismo tiempo definía su esencia.

En el plano ético, la sofística es indiferente, en tanto no produce ni descarta ideales (los comienzos de una «ética individual» en Demócrito y Antifón no pertenecen realmente al programa sofístico). La educación es su *téchne* en el sentido ya indicado: dependiendo de si está destinada al *virtuoso*, a la personalidad exitosa, o bien a la «virtud»; a la δεινότης o a la ἀρετή; al gran estadista, al orador convincente o al ciudadano intachable *comme il faut*, algunas veces adopta el legado de la tradición y otras veces se adecúa a lo nuevo, a lo oportuno. De buena gana se declara en favor de la moral vigente. ¿Supone, sin embargo, su socavación? La respuesta a esta pregunta es la siguiente: también la autocracia del artificio y la racionalización de lo viviente son, una vez más, síntomas de un proceso más amplio. Racionalización de lo viviente: así se revela el proceso del lado del maestro y en la teoría; del lado de lo viviente, el de los discípulos, ocurre que las fuerzas individuales se desvinculan del todo con plena conciencia —se trate del todo del Estado o del todo del ser humano, ya sea la fuerza la codicia o la indiferencia, el cálculo o la pasión.

Todo está abierto al ingreso de la inteligencia: a propósito de cualquier cosa existe un «doble discurso», en todas partes hay un *pro* y un *contra*, en todas partes un «así» y un «de otra manera». Si hubiera solo *un* discurso acerca de cada cosa, el artificio de la inteligencia se tornaría superfluo. Sin embargo, en el mismo *pro* y *contra* que abre las puertas de par en par a las venidas del espíritu, el individuo reconoce su derecho a no atarse más a ningún *pro* y *contra*. La primacía de la «naturaleza» (el impulso, la pasión) por sobre lo «estatuido» (es decir, todo lo que sea Estado, moral, obligación) es defendida por Antifón el sofista y su regodeo en los juegos del pensamiento, en el plano de la teoría; en el plano de la acción, esta misma primacía es concretada endemoniadamente por Critias y Alcibíades.

También lo que en la sofística es juego o lo que se presenta como filosofía está fundado sobre el mismo dogma: el artificio puede todo —puede, incluso, demostrar que solo existe el no ser—. La retórica y la erística solo son aplicaciones aisladas (aunque particularmente marcadas) de este concepto general de ciencia. La verdad absoluta abdica no porque un intelecto pensativo la haya arrojado de su trono, sino porque la omnipotencia de este concepto general de ciencia no la tolera. Y sigue a continuación la jugada de respuesta: aquello que para los maestros es la *téchne*, es decir, la supremacía de las maniobras y recursos disponibles por sobre cada verdad objetiva, se presenta en los discípulos como supremacía de la naturaleza grande y genial. Una tesis como la de Protágoras, «el hombre es la medida de todas las cosas: de las que son en tanto que son, de las que no son en tanto que no son», posee una cabeza de Jano. De un lado indica la magnificencia de la capacidad humana; del otro, el carácter cuestionable de la medida. No se trata de que Protágoras haya querido desatar a los espíritus que invocó, sino que se le escapó que su propio manejo de las maniobras del espíritu de frente a la exigencia de la verdad era precisamente tan inquietante como, entre los discípulos y las naturalezas geniales, la pretensión de un Poder soberano de frente a la moral. La displicencia de la que él era capaz era una displicencia del espíritu. Pero lo que escucha a escondidas sus palabras, sin ser advertido y con un aparente goce del espíritu, es una displicencia de la voluntad. Finalmente, en tanto teoría, también la afirmación de que «lo justo es lo que conviene al más fuerte» es una racionalización de lo viviente. Pero esta afirmación se vuelve, una vez más, un poder, al desencadenarse las pasiones que se encuentran formuladas en su objetividad. Siendo oponentes natos, si el espíritu y el instinto forman una alianza es para perjuicio de ambos. El frío que se transforma en calor; el calor que se dispersa en el frío: la fiebre unifica a la praxis con la teoría.

El frío en el calor y el calor en el frío son los síntomas de esta época afiebrada. Tucídides comprime su alma en la dura inexorabilidad del intelecto, transforma su pasión en objetividad, vierte su fuego interpretativo en la forma de un rígido ornamento oratorio y da forma, con las frías relaciones entre fuerzas —las únicas que su intelecto reconoce como válidas—, a su monumento en honor a un último heroísmo y al padecer de la Humanidad. Lo que en Tucídides se tensa hacia adentro en Eurípides estalla hacia afuera. Este se calienta junto al frío, se prepara y desborda como un torrente; desencadena su exuberancia de frente al triunfo de la utilidad y, al mirar hacia el mundo, que se volvió frío y sin dioses, derrama su interior en las pasiones de sus dramas. Sin esta fiebre la sofística no tendría nunca la significación que tiene. Una vez que deja de aportar un recipiente frío para el rescoldo de la vida, su misión ha terminado. Vive a expensas de otros y solo prospera allí donde las fuerzas que hasta entonces crecían en dirección hacia el todo comienzan a dirigirse contra el todo. ¡Qué pobres resultan todos estos eruditos en contraposición a lo alcanzado por estas fuerzas mismas! Qué débil la declamación de Antifón sobre la naturaleza y la ley, el *nómos* y la *phýsis*, y es más: qué débil es, incluso, lo más fuerte que nos llegó de boca de un sofista, el principio *homo-mensura* de Protágoras, frente al diálogo de los melios de Tucídides, frente a las *Troyanas* de Eurípides o comparado con alguno de esos estadistas en los que dicho principio se hace carne, como el Calicles del *Gorgias* platónico.

Una vez que concluyó el desencadenamiento de las fuerzas (en términos políticos: la guerra del Peloponeso), la sofística se derrumbó sobre sí misma. Su potencia no le viene de sí misma, sino de lo que se desprende del todo y echa mano de los medios de la sofística para legitimarse en el espíritu. Su legado permanente para los siglos posteriores, dejando de lado sus diversas ideas, es un conjunto de capacidades útiles: la gramática, la poética, la economía, la mnemotecnia… Y, por sobre todas ellas, la retórica. El artificio del intelecto, puesto que la vida y el espíritu ya no se dejaban retener más por él, se arrojó con éxito a las regiones que mejor se le ajustaban.

La creencia de los sofistas en el poder de la *téchne* o la *epistéme* para la creación de la persona ideal asciende con Sócrates a postulado ético. Los fórmulas para ello son: la naturaleza enseñable de la virtud y el carácter involuntario de toda falta. El saber solo puede conducir a la virtud si el ser humano es regido de manera absoluta por el saber y la razón, si no se le escapa nada en su «rendición de cuentas»; y al ser humano solo *le es permitido* ser regido por el saber y la razón porque la virtud, de hecho, es un saber. El paradigma de un auténtico saber sigue siendo la *téchne*. Y las maquinarias y las maniobras de lucha son en general también las mismas que las de la sofística, solo que son accionadas con un encanto más inmediato y más personal, y que, además, están al servicio de una vida nueva y destinadas a un nuevo fin. Ahora contribuyen al ideal de un saber virtuoso liberado de todo condicionamiento exterior, autónomo, interno, que se manifiesta en la vida, en la realidad, en una ininterrumpida introspección, como una confesión de «no saber»; y tienen como fin lo útil y bueno absolutos, algo que era pasado por alto en todas las demás búsquedas y que solo resulta accesible por medio del auténtico saber. Hasta dónde lleguen en cada oportunidad los medios, o si es que llegan hasta el final, acaba por resultar irrelevante: alcanza con que en los seres humanos se manifiesten las pretensiones y en sus fines los callejones sin salida; el auténtico medio sigue siendo el carácter irrefrenable del postulado que, encarnado en la personalidad, tropieza por doquier con el vacío, bajo la forma de una conciencia escrutadora.

Con la legalidad propia del saber-virtud socrático se consolida el quiebre con el Estado y con el mundo de los dioses. Los sofistas se detuvieron en la polémica o en la duda; estos grandes displicentes se enfrentaban a las leyes, las pasaban por alto, las menospreciaban; Sócrates, en cambio, con su obediencia a las leyes, asciende, sube la escalera de su saber superior en torno al saber-virtud, hasta más allá de toda atadura. Su diálogo con las leyes, según el reflejo del *Critón*, en donde se fija una contraprestación para las leyes, es la expresión última de esta última liberación. Por lo general, era la transgresión la que precisaba de fundamentos y de justificación; ahora, en cambio, es la obediencia.

Una superioridad en el aparentar inferioridad aún nunca alcanzada por ningún otro ser humano; el liderazgo en el sometimiento; la «ironía» en su llamado; la gracia en el «aguijón»; la certeza en la «ignorancia»; el triunfo en la obediencia y la nobleza en el rostro de Sileno:[1] esto es lo central en el Sócrates de Platón. Y, al mismo tiempo, es el centro innegable de su destino: es la razón por la que el Estado lo eliminó y es a su vez la razón por la que Platón no pudo apartarse de él en toda su vida.

Se ha señalado con justicia que Sócrates no habría caído fuera del Estado si este no se hubiera pervertido. Seguir un camino propio, en donde la fuerza está en el todo, es de hombre raro, que se ocupa solo de sí mismo... Pero ¿qué sería Sócrates si no siguiera su propio camino? Sócrates era una ley propia, independiente, en medio del Estado: diferente de las leyes estatales —no solo de las que en ese entonces estaban en vigencia (y eran abusadas); sino del *tipo* mismo de estas leyes—; era una ley en un nuevo nivel. Al ocuparse del Estado y para el Estado con su «examen», pero sin someterse a la norma vigente del pueblo y el Estado, al educar para una «virtud» que ya no culmina en un ideal social, Sócrates hace estallar en su base la estructura de la comunidad de la polis. Su muerte desencajó *de facto* al Estado. Si Sócrates no hubiera caído fuera del Estado, Platón no habría tenido que fundar su Estado en el reino del espíritu (*Carta VII*, 325b y ss.). De modo que ¿podría decirse también que si Sócrates no hubiese caído fuera del Estado el Estado no se habría pervertido? ¿Solo el Estado está pervertido? ¿No es también un síntoma de perversión este examen, esta penetración del saber, este modo de ir a tantear la conciencia? El antiguo Estado se escindió verdaderamente: una rama de su descendencia se dirige al reino del espíritu,

1 Cf. más adelante el capítulo sobre el *Simposio*.

a través de Sócrates, hacia Platón (Sócrates como el único verdadero sostén del Estado en el *Gorgias*, 521d); la otra se dirige hacia la lógica burguesa de los epígonos: es la senda que va de Alcibíades hacia la democracia patriótica del siglo retórico del Ática. Cuál descendencia es la más auténtica, la más verdadera, seguirá siendo uno de los puntos en disputa en la lucha nunca acabada entre los amigos de las ideas y aquellos ligados a lo terrenal.

Platón incorporó ambas corrientes, la sofística y el socratismo. Ambas coinciden en su tendencia a apartarse del Estado, de los dioses y del mito. El ideal socrático del saber virtuoso, por un lado, y el ideal sofístico de la *téchne* y el poder, por el otro, son signos de una desacralización de tal magnitud que apenas si sobrevino alguna más calamitosa que esta alguna otra vez en el mundo. El cielo y las profundidades de la Tierra repletos de figuras potentes de las que afluía toda salvación, todo lo elevado, todo júbilo, todo horror, todo «alimento del alma»: desamparados y fríos; el tiempo pasado, hasta entonces un témenos inmenso con un bosque de estatuas de arquetipos, modelos y garantías para el presente: reducidos a escombros («los acontecimientos anteriores, y los todavía más antiguos, era imposible, ciertamente, conocerlos con precisión a causa de la distancia del tiempo; pero por los indicios a los que puedo dar crédito cuando indago lo más lejos posible, no creo que ocurriera nada importante ni en lo referente a las guerras ni en lo demás»: así comienza la *Arqueología* de Tucídides);[2] e incluso el cosmos, que

2 Tucídides, *Historia de la Guerra del Peloponeso, libros I-II*, Madrid, Gredos, 1990, pp. 118-119.

antiguamente fuera, como para Heráclito, el gran orden del cual provenía todo orden humano, yace derruido y sobre sus ruinas gira en círculos triunfal el problema gnoseológico: las cosas son como aparecen. El «ser humano» se consagró como «medida de todas las cosas» —con ello surge una nueva medida como exigencia, muy por encima de todo lo que estaba vigente, pero explosiva, arisca, imposible de satisfacer: una conciencia penetrante, no un concesivo «regalo de los dioses».[3]

Junto con el saber-virtud socrático, Platón adopta el concepto sofístico de *téchne* o *epistéme*. Sus diálogos de juventud están repletos de ese tipo de cuestiones como la de en qué sentido la virtud es un saber, una *téchne* o una *epistéme*. Cada vez que realiza una demostración o una refutación a partir de las artes, está avanzando por la vía de la sofística o del socratismo. Y sin embargo reconquistó, desde ese mismo lugar, el Estado y el mito. ¿Su «saber» era, por ende, un saber distinto? Si bien la diferencia parece, en primera instancia, menor, acaba por resultar inconmensurable: ¡todo saber, bueno o malo, penetra en el *alma!* Penetra en el alma como una medicina o un veneno penetran en el cuerpo. «¿Sabes, pues, lo que vas a hacer?», le pregunta el Sócrates platónico a su joven amigo que arde en deseos de interiorizarse en la doctrina de Protágoras:

---

3 Todo lo que regula o da valor a la vida, de acuerdo a la conocida visión de los griegos, es un regalo de los dioses; esto se manifiesta en tantas etiologías, narraciones sobre invenciones, cultos, mitos, organizaciones, etc., que resulta superfluo gastar palabras en ello. Tantas cosas corren como regalos de los dioses que el crítico Jenófanes puede establecer la paradoja de que algo, a pesar de todo, también puede ser descubierto, con el tiempo, por los seres humanos (DK 18). Cf. A. Leisegang, *Die Platondeutung der Gegenwart*, Karlsruhe, Braun, 1929, p. 148.

—¿Sabes, pues, lo que vas a hacer, o no te das cuenta? [...] Que vas a ofrecer tu *alma*, para que la cuide, a un hombre que es, según afirmas, un sofista. Pero qué es un sofista, me sorprendería que lo sepas. Y si, no obstante, desconoces esto, tampoco sabes siquiera a quién entregarás tu alma, ni si para asunto bueno o malo. [...] ¿El sofista viene a ser un traficante o un tendero de las mercancías de que se nutre el *alma*?

—¿Y de qué se alimenta el alma, Sócrates?

—Desde luego de enseñanzas [...]. De modo que, amigo, cuidemos de que no nos engañe el sofista con sus elogios de lo que vende, como el traficante y el tendero con respecto al alimento del cuerpo. (*Protágoras*, 312b-313d)

¿Qué es esta alma? ¿Se reduce su existencia a ser recipiente e instrumento para el saber-virtud enseñado por Sócrates? ¿O es algo más? ¿Qué indica este *páthos* con el que se anuncia? En tanto algo que ha crecido y que ha de crecer, que posee fuerzas y virtudes y está expuesto a peligros,que precisa, como el cuerpo, un médico y un entrenador (y no un tendero ignorante), ¿qué es esta alma? No se superpone con ninguna ciencia, con ninguna exigencia de virtud; no es un concepto psicológico ni teológico ni metafísico: es lo que está en disputa, es aquello en torno a lo cual se desencadena toda la lucha. Posee sus destinos antiguos y sus jóvenes miserias; en ella yacen adormecidas glorias apenas imaginadas... y amenaza con echarse a perder; antaño ha visto grandes cosas, pero también tiene grandes miedos tras de sí. ¿Qué es esta alma? Aquello que al ser tocado por Sócrates vuelve a despertar en Platón por primera vez; eso que al comienzo toma apenas conciencia de sí, se encuentra en un mundo enemigo y se encierra, crece y se expande hasta devenir Estado y cosmos, práctica sacerdotal y práctica adivinatoria, contemplación de las Ideas y mundo de mitos; es la vieja alma del helenismo que volvió a renacer en el espíritu. La vieja alma vuelta a despertar es también la madre de los mitos platónicos: el mundo mítico madura y crece desde el alma y en el alma. Y aun cuando en un comienzo esta alma aparenta estar sujeta a otras cosas, entregada durante un tiempo a las atracciones de un colorido mundo exterior en todo tipo de ensayos, confrontaciones, negaciones y enamoramientos del espíritu juvenil, su destino desde el primer momento fue, tanto como la contemplación de la Idea, al mismo tiempo, el engendramiento del mito. Los mitos de Platón son mitos del «alma», es decir, mitos de un mundo interior y ya no más de uno exterior, o de un mundo indiviso. De ello resulta que son más pobres en imágenes pero no se trata de que envuelvan una doctrina del alma, o alguna teoría, en un manto traslúcido: en el «alma» misma y su «automovimiento» tienen su origen, pero su fin es configurarse a sí mismos en el mundo interior para, por medio de este, volver a penetrar el mundo exterior que ha devenido inánime.

La sociedad

Así como resurgen en el alma el antiguo mundo de los dioses, el Olimpo y el Hades e igualmente el Estado y las leyes, así también resurge la sociedad griega. Es más: lo más profundo que sabemos acerca del espíritu de esta sociedad lo sabemos por Platón. Sus diálogos son, en cierta medida no menor, la espiritualización misma de esta sociedad. Nada de lo que asciende desde el alma —ya sea algo grande o algo singular, solemne o ligero— se manifiesta ante nosotros sin mediación, sino que se presenta y exhibe su identidad en el seno de una vida social espiritual. Con los mitos también ocurre esto. Y es algo que también acarrea consecuencias para los mitos (y no solamente para la exhibición de la dialéctica).

En lo que a su sociabilidad se refiere, Platón, que escribió sus diálogos durante el siglo cuarto, es un hijo póstumo del quinto. Vive en él la tradición de un *ancien régime*. Es imposible de entender si no se advierten en él los aires de una antigua aristocracia, de un círculo estrecho. Recoge en su reino espiritual la *cháris* de esta sociedad, al igual que su sentido para lo cómico y, junto con ambos, la compulsión hacia la ironía. La sobremaduración aristocrática, podría decirse, se corresponde con el principio femenino de su formación, mientras que el plebeyismo socrático se corresponde con el masculino.

También el mito, en particular al comienzo, es, en parte, una de las formas del juego de la gracia, de la *cháris*; es uno de los modos del juego de disfraces y ocultamientos de la conversación, en especial cuando el alma de Platón, o la del Sócrates platónico, dirige la palabra a un joven bello. Un ejemplo:

Escena: en la palestra de Taureas. Entra el joven Cármides, seguido por una corte de admiradores. Todo el mundo está eneguecido por él, incluso los jóvenes más pequeños. Querefonte (el amante) pregunta:

—¿Qué te parece el muchacho? Sócrates, ¿no tiene un hermoso rostro?

—Extraordinario.

—Por cierto que, si quisiera desnudarse, ya no te parecería hermoso de rostro —todos los otros estuvieron de acuerdo con Querefonte.

—¡Por Heracles!, dije. ¡Qué persona tan irresistible me describís! Sobre todo si se le añade, todavía, una pequeñez.

—¿Cuál? —dijo Critias.

—Si su alma es de buena naturaleza. Cosa, por otra parte, que hay que suponer, ya que proviene de vuestra casa. [...] ¿Por qué, pues, no le desnudamos, de algún modo, por dentro y lo examinamos antes que a su figura? Porque, a su edad, seguro que le gustará dialogar. [...] Muchacho, llama a Cármides diciéndole que quiero presentarle a un médico, por la dolencia esa que, hace poco, me decía que le aquejaba.

Y volviéndose hacia mí, dijo Critias: —No hace mucho me dijo que por las mañanas, al levantarse, le pesaba la cabeza. ¿Qué te impide hacer ver ante él que sabes de un remedio para su enfermedad? (*Cármides*, 154d-155b)

Llega Cármides y se sienta entre Sócrates y Critias:

> Entonces ocurrió, querido amigo, que me encontré como sin salida, tambaleándose mi antiguo aplomo: ese aplomo que, en otra ocasión, me habría llevado a hacerle hablar fácilmente. Pero después de que —habiendo dicho Critias que yo entendía de remedios— me miró con ojos que no sé qué querían decir y se lanzaba ya a preguntarme, y todos los que estaban en la palestra nos cerraban en círculo, entonces, noble amigo, intuí lo que había dentro del manto y me sentí arder y estaba como fuera de mí. (155d)

Aquí se discurre sobre el remedio, que solo funciona si se lo aplica en conjunto con un ensalmo, y sobre la sanación de la parte por medio de la sanación del todo.

> Y yo que le oí darme la razón volví a cobrar fuerzas, y, poco a poco, me fue viniendo la audacia y se me fueron caldeando los ánimos. Entonces le dije:
> —Así es, Cármides, lo que pasa con esto del ensalmo. Yo lo aprendí, allá en el ejército, de uno de los médicos tracios de Zalmoxis, de los que se cuenta que resucitan a los muertos. Por cierto, que aquel tracio decía que los médicos griegos estarían conformes con todo esto que yo acabo de decir; pero que Zalmoxis, nuestro rey, siendo como es dios, sostenía que no había de intentarse la curación de unos ojos sin la cabeza y la cabeza, sin el resto del cuerpo: así como tampoco del cuerpo, sin el alma. Esta sería la causa de que se le escapasen muchas enfermedades a los médicos griegos: se despreocupaban del conjunto, cuando es esto lo que más cuidados requiere, y si ese conjunto no iba bien, era impo-

sible que lo fueran sus partes. Pues es del alma de donde
arrancan todos los males y los bienes para el cuerpo y para
todo el hombre: como le pasa a la cabeza con los ojos. Así
pues, es el alma lo primero que hay que cuidar al máximo,
si es que se quiere tener bien a la cabeza y a todo el cuerpo.
El alma se trata, mi bendito amigo, con ciertos ensalmos y
estos ensalmos son los buenos discursos [λόγοι], y de tales
buenos discursos, nace en ella la sensatez. Y, una vez que
ha nacido y permanece, se puede proporcionar salud a la
cabeza y a todo el cuerpo. Mientras me estaba enseñando
el remedio y los ensalmos, me dijo: «Que no te convenza
nadie a tratarte la cabeza con ese remedio, sin antes haberte
entregado su alma, para que con el ensalmo se la cures».
[...] A mí me encomendó muy encarecidamente que nadie,
por muy rico, noble o hermoso que fuera, me convenciera
de hacerlo de otro modo. Así pues, yo —porque se lo juré
y estoy obligado a obedecerle— le obedeceré; y si quie-
res que, de acuerdo con las prescripciones del extranjero,
veamos primero de conjurar tu alma con los ensalmos del
tracio, remediaré también tu cabeza. Pero, si no, no sabría
qué hacer contigo, querido Cármides. (156d-157c)

A menudo se desborda y fluye en Platón de esta manera,
a modo de juego, un exceso de bondad, amor y finura; su
alma se derrama en forma de bromas, delicadas ficciones,
fábulas, pequeñeces que no precisan ser ironía pero que fácilmente conducen a ella y entonces, en el punto medio entre lo mítico y lo fabuloso, provocan aquello iridiscente y
oscilante que hace que pasajes como este, muy a su manera,
se sostengan. Por cierto: esto no es todavía ningún mito;
sin embargo, ya no difiere, en lo tocante a la forma, de lo

que será más tarde en el *Simposio* el recurso a la enseñanza de Diotima. Tampoco allí es casual que sea el bello Agatón aquel a quien Sócrates inicia en los misterios de Eros, haciéndolo rectificarse por medio de estos rodeos.

Yo, Sócrates —dijo Agatón— no podría contradecirte.

—En absoluto —replicó Sócrates—; es a la verdad, querido Agatón, a la que no puedes contradecir, ya que a Sócrates no es nada difícil.

Pero voy a dejarte por ahora y os contaré el discurso sobre Eros que oí un día de labios de una mujer de Mantinea, Diotima, que era sabia en estas y otras muchas cosas. Así, por ejemplo, en cierta ocasión consiguió para los atenienses, al haber hecho un sacrificio por la peste, un aplazamiento de diez años de la epidemia. [...] Pues poco más o menos también yo le decía lo mismo que Agatón ahora a mí: que Eros era un gran dios y que lo era de las cosas bellas. Pero ella me refutaba con los mismos argumentos que yo a él. (*Simposio*, 201c-e)

La forma del enmascaramiento mítico, en sí más tardía, ya se encontraba en la obra temprana, si bien en ella aún no era más que una bagatela, mientras que la obra más tardía dotará de su auténtico sentido a esta forma ya delineada. Los gérmenes de los mitos crecen en muchos sitios distintos y del mismo modo que las semillas, que uno no reconoce de no ser a partir de las plantas ya desarrolladas.

El mismo espíritu social —no nos referimos a la sociedad ática en sí misma sino a ella tal como se la muestra en Platón y por medio de Platón— resulta determinante tanto para la fuerza de la *cháris*, que reúne, como para la fuerza de lo *geloîon*, que distancia. Lo *geloîon*, traducido literalmente, es lo «ridículo», lo «cómico». Pero se trata de un concepto esencialmente social, mientras que el término alemán nos hace pensar, en cambio, en una propiedad individual. Llamémoslo, mejor, lo *geloîon*. Aunque no se lo pueda evitar, a lo *geloîon* hay que dominarlo a toda costa. Para la diversión bromista, creer que es la que está al mando cuando en realidad está siendo mandada es una catástrofe. Pero no es menos peligroso lo contrario de ello: que se apodere de uno una solemnidad (σπουδαῖον) demasiado elevada. Hay solo dos pasiones toleradas: la pasión de un erotismo fino y la pasión por la política de alto nivel (el círculo aristocrático del que provenía Platón creía en el vínculo —antiguamente poderoso— entre Estado y Eros tanto más cuanto menos se correspondía con la realidad política). Todo lo demás es grácil juego. El buen gusto exige que en particular las cuestiones espirituales, el arte, la filosofía y la ciencia, se aborden «un poco en serio, un poco en broma», sobre todo cuando se tiene una secreta inclinación a tomarlas en serio. En Platón todo lo arcaico, e incluso ya la sonoridad de la prosa anterior a él, produce a menudo un efecto de extrañeza a raíz de su exceso de seriedad. En el caso de los de afuera, el de aquellos a quienes se integra para que sean interrogados, es decir el de los sofistas (y ¿no nos tememos que también el de Sócrates?), se les deja pasar. Pero un miembro de la sociedad teniendo un rapto de auténtica seriedad resulta patético.

Sócrates, pues, estaba ubicado en la posición más incómoda posible, para un lado y para el otro: un plebeyo entre los aristócratas, dotado de su rostro de Sileno y, al mismo tiempo, de una seriedad imposible, y con unos modales...

que si se le daba por meditar se quedaba parado en plena calle. Sócrates no habría sido posible de no haber sido el gran irónico, el *eíron* que fue.

¿Qué significa «ironía»? ¿Y cómo se vincula la ironía socrática con esa otra, que es como un ala que transporta los mitos de Platón? En lugar de hablar de humor platónico, apeguémonos, mejor, a los conceptos griegos. Existen, por un lado, lo *geloîon*, junto con las actividades que lo marcan como tal (el σκώπτειν, etc.), y, por el otro, la *eironeía*. Hay una ironía retórica, vulgar, malvada («decir algo distinto de lo que se quiere decir»: así la definen los retóricos), pero también una ironía social, humana. Aquí se tratará solo de esta última. Solemos contraponer lo irónico a lo que debe ser tomado en serio. Platón también. Pero eso que debe ser tomado en serio se nos debe enfrentar como una demanda; como algo que pretende de nosotros que sometamos nuestro espíritu. El mundo de quienes tienen pretensiones es variado: difiere en su comportamiento de acuerdo a la jerarquía espiritual. De allí que quienes tienen ambiciones en el plano de lo espiritual hagan con gusto el papel de irónicos. Pero el irónico auténtico busca lidiar consigo mismo, ya sea por sí mismo o por medio de otros. Por medio de los otros ya sea para distanciarse o para acercarse, ya sea alejándolos o atrayéndolos, o incluso educándolos. Quizás busca todo esto junto. «Ironía» significa, entre otras cosas, el establecimiento de una superioridad que se logra aparentando (es decir, por medio de la mímica y el juego) inferioridad. La inferioridad, a su vez, puede consistir tanto en encontrar cómico algo como en considerarlo trágico. En cualquiera de estos casos la superioridad consistirá en lo contrario. Ahora bien: el establecimiento de superioridad puede apuntar hacia el otro o hacia mí mismo; y en este último caso apuntar de manera indirecta hacia el otro o ni siquiera eso. Pero puesto que inevitablemente la cuestión de las superioridades implica también un foro, será el foro de una sociedad —real o imaginaria— o el foro de una parte de mi alma o el de una comunidad de dos almas. Siempre, en todo caso, es condición necesaria de la ironía que haya en juego más de un nivel de alma. La superioridad sobre mí mismo se establece, por ejemplo, cuando neutralizo y domino mi inferioridad al aparentar o imitar una inferioridad incluso inferior a mi inferioridad. Con lo cual mi inferioridad, ahora, podría haber sido solo aparente, etc. Volviendo al punto: hay una ironía del tratamiento del otro y una del de uno mismo; hay una ironía directa y una indirecta. Las dos están presentes, por lo general, en la otra.

Pero así como existe un desarrollo que lleva del cuerpo hacia el alma, y uno similar desde el Estado, así también un desarrollo conduce de la sociedad hacia el alma, del mundo exterior al interior. Y si la ironía ya en la sociedad supone un combate por una superioridad que no se consigue por medio del *páthos*, la seriedad y el *chárisma*, sino por medio del juego y de la mímica de estas cosas serias en lo *geloîon* (o, al revés, no por medio de una representación de lo *geloîon* en el espíritu sino por medio de la mímica y el juego de esto *geloîon* en lo serio de la pasión), ¡qué posibilidades iridiscentes y estados de flotación del espíritu resultarán si nace, a partir del juego social, un juego de potencias en el alma! Renunciamos a diferenciar la ironía socrática y la platónica en niveles distintos: para nosotros la ironía socrática está inserta en la platónica. No obstante, en el edificio completo del socratismo platónico se puede percibir un ascenso que va desde la ironía social hacia la ironía de las potencias del alma —y no caben dudas acerca de que la ironía en el seno de lo mítico constituye la cúspide del edificio de lo irónico—. De la ironía de la autoafirmación surge una ironía del desborde. Aquel permanecer apartado que la sociedad no toleraba se transforma, ahora, en un entusiasmo que amenaza con arrebatar al alma entera. A esto le hacen frente ciertas fuerzas contrarias, como, por ejemplo, la comprensión de la lógica, el desdén hacia la palabra escrita, el espíritu de insatisfacción, el recelo ante la exteriorización, el temor a la divulgación, la conciencia de lo inconcebible, la antipatía hacia lo máximo y lo último, el ser artístico del alma.

> De ello hay que sacar una simple conclusión: que cuando se ve una composición escrita de alguien, ya se trate de un legislador sobre leyes, ya sea de cualquier otro tema, el autor no ha considerado estas cuestiones como muy serias, ni él mismo es efectivamente serio, sino que permanecen encerradas en la parte más preciosa de su ser. (*Carta VII*, 344c)

También las potencias del alma, aunque amenacen, en su discordia, con destrozar el cosmos, conservan en la ironía la superioridad de los buenos modales. Pero, con todo, al sujetarse al vuelo del alma, incluso fuerzas contrapuestas son arrastradas siempre, al menos en parte (y a menudo no solo en parte), como cuando un torbellino levanta lo pesado junto con lo ligero. Y así vemos al mito hacer el papel de la lógica y a la lógica, demostrando a partir de mitos, hacer el papel del mito, y a ambos concluir en esta oscilación. Por allí la exaltación; por aquí el juego y lo *geloîon*; y en medio de ambos la ironía: si las tres están presentes entre las fuerzas fundamentales del diálogo se produce el despliegue hacia arriba, hasta sus cumbres más elevadas.

El verdadero trágico sería también el verdadero cómico, enseña Sócrates al final del *Simposio*.

La irrupción

El Protágoras

El *Protágoras* se ubica en el comienzo o cerca del comienzo de los escritos platónicos. Y en el *Protágoras* el sofista deslumbra con un *mŷthos*.[1] Ya el sofista Protágoras conoce una doble forma de instrucción: por medio del *lógos* y por medio del *mŷthos*. Pero para él, como también, de hecho, para Platón más tarde, *mŷthos* significa «fábula» o «cuento». Es recién la sublimidad de Platón la que confiere a la palabra, por medio de los contenidos que pone más tarde en el «cuento», el significado sublime que desde entonces y para siempre está ligado a ella. Del *lógos* se desprenden, en Platón, un ideal metódico, consistente en una constante materialización, en el avance de la dialéctica, de la capacidad innata de conocer, y una potencia anímica: el diálogo. De igual modo se desprende del *mŷthos* en tanto método, finalmente, una forma de la «alegoría», de la «copia» de algo arquetípico en lo «vero-símil», y otra potencia anímica: un discurso acerca de cosas que están más allá de la palabra y de toda comprobación.

[1]	La parabra alemana para «mito» coincide con la transliteración de la palabra griega: en ambos casos es, en alemán, *Mythos*. Por regla general, traduzco «mito». No obstante, cuando se hace referencia al concepto griego de μῦθος, o cuando en el contexto se enfatiza ese origen por contraste con el *lógos*, traduzco *mŷthos*. *(N. del T.)*

El *lógos* y el *mŷthos*, antiguamente en amistosa y relajada coexistencia, se separan y se atraen ahora mutuamente con una tensión enorme. Su oposición se torna polar y la polaridad se acrecienta progresivamente en Platón mismo. Si se analiza la relación entre *lógos* y *mŷthos* a lo largo de la evolución de Platón, siguiendo la cronología de los diálogos, se observa que de la mano de la progresiva metodización de la dialéctica se va dando una presencia cada vez más marcada (o es más: una victoria) de la forma característica de lo mítico. Sus elementos, en un comienzo dispersos, desconocidos para sí mismos, se reúnen ahora en universos míticos.

El sofista Protágoras les ofrece a sus interlocutores que elijan entre un *lógos* y un *mŷthos*; para él, el *mŷthos* es un modo de engalanar el discurso. Para Platón ya no se trata de una opción. Y sin embargo el diseño exterior del mito del sofista, su forma literaria, es también (en un grado no menor) la forma que tiene en Platón. Una vez más, se interioriza algo exterior. Así como la ironía, antes de reencontrarse en el reino del alma que le es propio, toma primero lo antagónico, lo que se debe negar y caricaturizar, lo que ha de vencerse y lo que es finalmente vencido, de igual modo Platón, en una primera instancia, pone delante de nosotros un modelo de mito de sofista y pone también aquí en escena la ironía, hasta que el alma ya está lo suficientemente fuerte como para atravesar las paredes, llenar las formas y seguir jugando el juego de la competencia —que había sido planteado con fuerzas extrañas y adversarias— de acuerdo a su propia comprensión y voluntad y con sus propias fuerzas de ahí en más. En una mirada retrospectiva, sin embargo, uno advierte, más tarde, que también en el mito del sofista el gusto de Platón por el mito ya estaba coadyuvando.

Hubo una vez un tiempo en que existían los dioses, pero no había razas mortales. Cuando también a estos les llegó el tiempo destinado de su nacimiento, los forjaron los dioses dentro de la tierra con una mezcla de tierra y fuego, y de las cosas que se mezclan a la tierra y el fuego. Y cuando iban a sacarlos a la luz, ordenaron a Prometeo y a Epimeteo que los aprestaran y les distribuyeran las capacidades a cada uno de forma conveniente. A Prometeo le pide permiso Epimeteo para hacer él la distribución. «Después de hacer yo el reparto, dijo, tú lo inspeccionas». Así lo convenció, y hace la distribución. En esta, a los unos les concedía la fuerza sin la rapidez y, a los más débiles, los dotaba con la velocidad. A unos los armaba y, a los que les daba una naturaleza inerme, les proveía de alguna otra capacidad para su salvación. A aquellos que envolvía en su pequeñez, les proporcionaba una fuga alada o un habitáculo subterráneo. Y a los que aumentó en tamaño, con esto mismo los ponía a salvo. Y así, equilibrando las demás cosas, hacía su reparto. (*Protágoras*, 320c-321a)

Aquí sigue la descripción de los distintos modos de protegerse de los animales, en un estilo acorde a la moda de entonces y al tono de la fábula.

Pero, como no era del todo sabio Epimeteo, no se dio cuenta de que había gastado las capacidades en los animales; entonces todavía le quedaba sin dotar la especie humana, y no sabía qué hacer.

Mientras estaba perplejo, se le acerca Prometeo que venía a inspeccionar el reparto, y que ve a los demás animales que tenían cuidadosamente de todo, mientras el hombre estaba desnudo y descalzo y sin coberturas ni armas. Precisamente era ya el día destinado, en el que debía también el hombre surgir de la tierra hacia la luz. Así que Prometeo, apurado por la carencia de recursos, tratando de encontrar una protección para el hombre, roba a Hefesto y a Atenea su sabiduría profesional junto con el fuego —ya que era imposible que sin el fuego aquella pudiera adquirirse o ser de utilidad a alguien— y, así, luego la ofrece como regalo al hombre. [...] Su técnica manual resultaba un conocimiento suficiente como recurso para la nutrición, pero insuficiente para la lucha contra las fieras. Pues aún no poseían el arte de la política, a la que el arte bélico pertenece. Ya intentaban reunirse y ponerse a salvo con la fundación de ciudades. Pero, cuando se reunían, se atacaban unos a otros, al no poseer la ciencia política; de modo que de nuevo se dispersaban y perecían.

Zeus, entonces, temió que sucumbiera toda nuestra raza, y envió a Hermes que trajera a los hombres el sentido moral y la justicia, para que hubiera orden en las ciudades y ligaduras acordes de amistad. Le preguntó, entonces, Hermes a Zeus de qué modo daría el sentido moral y la justicia a los hombres: «¿Las reparto como están repartidos los conocimientos? Están repartidos así: uno solo que domine la medicina vale para muchos particulares, y lo mismo los otros profesionales. ¿También ahora la justicia y el sentido moral los infundiré así a los humanos, o los reparto a todos?». «A todos, dijo Zeus, y que todos sean partícipes. Pues no habría ciudades, si solo algunos de ellos participaran, como de los otros conocimientos. Además, impón una ley de mi parte: que al incapaz de participar del honor y la justicia lo eliminen como a una enfermedad de la ciudad». (321b-322d)

El sentido del mito es el siguiente: el ser humano en sí mismo es débil; lo que lo sostiene, su cultura, tiene una naturaleza doble. En primer lugar están los oficios: estos aportan a su existencia física; en segundo lugar, la justicia y el Estado, medios para su sustento más elevado, el social. Ambas cosas son de naturaleza diversa y de diverso grado; de allí que la distribución de ambas tampoco sea igual. El problema que yace en el interior del mito proviene del concepto sofístico particular de *téchne*. Su vestidura es translúcida: Protágoras podría haber expuesto lo mismo también por medio de un *lógos*. En lugar del mito leeríamos, en ese caso, una consideración sociológica o de la historia de la cultura. ¿Qué aporta, entonces, el mito? Gusto por el disfraz, por la gracilidad y por el jugueteo; nada de alma. Si se quiere ir en busca del alma, se la encuentra sobre todo en la negación, es decir, en el juego con lo negado, puesto que en cualquier caso el sofista, en tanto creación de Platón, forma parte de su alma.

En la época en que Platón escribió este mito no pensó, seguramente, en que pronto él mismo iba a depositar su corazón en un *mŷthos*. Pues para ello aún hacía falta una inversión, una transformación de sí mismo.

El *Gorgias*

Para quien desea identificar la entelequia en el devenir a menudo es más esclarecedor explicar la época temprana a partir de la tardía que la tardía a partir de la temprana. De la misma alma que, al crecer, maduraría en dirección a míticos alumbramientos, surgió en un primer momento el diálogo socrático, que nunca fue un mero reflejo de su vida. Esta alma primero se busca un oponente en un mundo exterior; luego, en uno interior. Lo que sea que resulte atrapante, tentador o seductor —ya sea la educación, la formación, el arte o cualquier otra forma de lo espiritual—, a todo le hace frente, contra todo polemiza, para luego volver a traer consigo todo lo que pueda servirle en materia de saberes y en tanto mecanismos discursivos de seducción: ahora distingue a las Ideas, se nutre de su contemplación, toma posesión de sí misma, se monta de un salto sobre el mito, se integra en el Estado y se expande hacia el cosmos.

El combate contra los enemigos exteriores, la defensa, el voto de lealtad y la proclamación del nuevo héroe[2] deben preceder al propio reinado. Y la escaramuza se torna ya una lucha organizada; y esta lucha, un combate entre dos poderes del alma; de la *Apología* nace el *Gorgias*; a partir de la competencia entre dos discursos se forma una pelea entre dos almas en un plano más elevado, como en el preludio del *Protágoras*, que lo eleva a este a un nivel superior, y como ocurre de nuevo en la segunda parte del *Gorgias*, aquí ya preanunciando el mismo estrato que marca, en la *República*, el paso del primer libro a los restantes. Cuanto más fuerte es la oposición, tanto más bienvenida, si bien también crece la fuerza del enemigo a la par de la propia. Y al mismo tiempo surge una lucha como la que sostiene un amante contra un poder que pretende quitarle a su amado, o bien una competencia entre hermanos como el de Zeto y Anfión (*Gorgias*, 485e).

---

2 «Héroe» usado aquí en el buen sentido griego del término y no, por ejemplo, como una palabra de moda; la heroización de Sócrates comienza ya con la *Apología* y continúa hasta el *Fedón*.

Estoy seguro de que, en lo que *tú* estés de acuerdo conmigo sobre lo que *mi* alma piensa, eso es ya la verdad misma. Pues observo que el que va a hacer una comprobación suficiente sobre si un alma vive rectamente o no, ha de tener tres cosas que tú tienes: ciencia, benevolencia y decisión para hablar. (*Gorgias*, 486e-487a)

Al igual que en el *Gorgias*, en donde con el cambio de oponente al mismo tiempo se alza un segundo nivel por sobre el primero, el objetivo del cambio y la entelequia en el devenir se tornan de nuevo manifiestos a partir de la estratificación de los *agônes* en la obra mayor, *La República*. El alma se transforma cada vez más en «piedra de toque» (486d), el contacto con la cual permite comprobar cuál es el valor de algo.

¿Y en la disposición del cuerpo? ¿No dirías que el mal para el hombre es la debilidad, la enfermedad, la deformidad y otros defectos semejantes? [...] ¿No estimas que también en el alma existe alguna enfermedad? [...] Luego la injusticia, el desenfreno y los demás vicios del alma ¿son el mayor mal? (477b-e)

Ya has oído lo que es para mí la retórica: es respecto al alma lo equivalente de lo que es la culinaria respecto al cuerpo. (465d-e)

La cosmética es a la gimnástica lo que la sofística a la legislación, y la culinaria es a la medicina lo que la retórica es a la justicia. (465c)

También el *nómos*, la ley, despierta de su entumecimiento porque el alma la vuelve a insuflar. Y una vez más el comienzo es el *Gorgias*, que de nuevo contiene en germen algo que terminará de desarrollarse en la obra de madurez.

—Luego ¿una casa con orden y proporción es buena, pero sin orden es mala?
—Sí.
—¿No sucede lo mismo con una nave?
—Sí.
—¿Y también con nuestros cuerpos?
—Desde luego.
—¿Y el alma? [...] Al buen orden del cuerpo se le da el nombre de «saludable», de donde se originan en él la salud y las otras condiciones de bienestar en el cuerpo. [...] Y al buen orden y concierto del alma se le da el nombre de norma y ley, por las que los hombres se hacen justos y ordenados; en esto consiste la justicia y la moderación. (504a-b)

También el *éros* por la filosofía comienza en esta misma época a apoderarse del alma, celoso, exigiendo una entrega ciega, y una vez más ocurre esto antes de que este mismo deseo se forme en el mito: «yo amo al hijo de Clinias y a la filosofía; tú a los Demos: el de Atenas y el hijo de Pirilampes. Los dos tenemos que impedir a nuestros amores que hablen o decir lo que a ellos les guste» (481d-482a).

Por último, es esta misma alma la que acosa a los oponentes; la que, partiendo de su propia fuerza, al mismo tiempo se apropia constantemente de la fuerza contraria; la que se arroja contra los argumentos y estalla por todos los rincones y la que luego, volviendo sobre sí misma en el pensamiento, se manifiesta en una doctrina del alma. Donde se forma la fuerza, surge el mito; donde busca ella misma claridad sobre sí, la especulación psicológica y teológica —si cabe servirse de estos conceptos—. Pues en el grado en que el alma misma penetra en la especulación acerca del alma —y esto, en Platón, jamás deja de ocurrir por completo— la especulación acerca del alma misma se torna mito-del-alma. Que algo deba ser tomado como una doctrina o como un mito no es algo que deba definirse respondiendo a la pregunta acerca de si Platón realmente lo consideró verdadero, sino únicamente mediante la pregunta siguiente: ¿hasta qué punto le alcanzan al alma esta forma y este medio a la hora de configurarse o de reconocerse allí como en un retrato?

El *Gorgias*, en la medida en que en él la nueva alma despliega por primera vez su poder, está también en las puertas del nuevo mito. Una vez más, esto solo puede entenderse a partir del movimiento del alma en la conversación. ¡Subamos hasta su último escalón! Después de todo, la pasión del nuevo ideal se arroja hacia las formulaciones del diálogo; lo que al principio parece ser un resumen es en esencia un llenar de alma; en el juego de preguntas del dialéctico se mezcla, ya conteniéndose apenas, el discurso de admonición y expiación del profeta acerca de la esencia de la justicia en tanto reunión, orden, armonía, en tanto *kósmos* en el alma.

Tú no fijas la atención en estas cosas, aunque eres sabio. No adviertes que la igualdad geométrica tiene mucha importancia entre los dioses y entre los hombres. (508a)

El que quiera ser feliz debe buscar y practicar, según parece, la moderación *[sophrosýne]* y huir del libertinaje con toda la diligencia que pueda, y debe procurar, sobre todo, no tener necesidad de ser castigado: pero si él mismo o algún otro de sus allegados o un particular o la ciudad necesita ser castigado, es preciso que se le aplique la pena y sufra el castigo si quiere llegar a ser feliz. (507d)

Lo que comienza a hablar aquí es el espíritu del viejo *kósmos* tal como se encarnó también en el pitagorismo (y no solo allí). El antiguo poder brota del nuevo Sócrates, el «rejuvenecido» (¡cómo se transformó!). Este renacimiento —que no puede compararse con la sombra que el pitagorismo arrojó sobre la ciencia en sus últimas ramificaciones con Arquitas y Filolao— es más bien, en general, el *primer* nacimiento en el alma del antiguo orden de la polis, del pitagorismo, del orfismo, etc., es decir, su aparición ya no en el orden exterior, en el Estado y en el linaje, en el culto y en la comunidad, sino en el alma misma, incorporado al alma, corrido y expulsado del orden exterior y de sus símbolos, ahora profundizado, esclarecido, despertado a una nueva vida. Solo este nuevo nacimiento de la vieja alma, este primer nacimiento tremendamente doloroso en un mundo interior, hace que se desarrolle también, junto con la nueva alma, el nuevo mito.

A partir del mismo corrimiento se explica también la presencia, en los mitos de Platón, de motivos órficos y del pitagorismo temprano como el de la transmigración de las almas y el del más allá: en la medida en que el orfismo y el pitagorismo deducen del más allá la pureza y el orden que les corresponde en el más acá, no producen todavía un mundo propiamente interior, pero sí al menos un mundo secreto, revelado y cerrado también a raíz de su organización exterior. Para ellos tienen realidad aquellas representaciones que en

Platón se volverán formas de la autoconfiguración del alma. Un Empédocles, envuelto en hábito sacerdotal y rodeado de feligreses, es él mismo la exhibición de su doctrina de la redención: es al mismo tiempo un objeto de culto y un sujeto de culto. Los dioses del orfismo están, en cierto modo, a mitad de camino entre los antiguos dioses y los dioses de Platón.

El *Gorgias*, por cierto, es solamente un primer estallido, una primera protesta. Y también es una protesta en él el mito: la de alguien condenado y segregado que invoca por testigo al más allá. El alma, que se torna consciente de que ella misma —y solo ella— es la portadora de la verdadera norma y de la idea del Estado; que reconoce que en el Estado existente ya no hay lugar para ella; que en este Estado se encuentra sola, en la minoría de lo apartado opuesta a la mayoría de la totalidad; esta alma invoca por primera vez la aparición de un reino *del más allá* de órdenes judiciales y leyes eternas. Aún falta el reino de las Ideas; de allí la refracción hacia la amarga ironía: el antiguo cuento está demasiado sobrecargado con ímpetu nuevo como para que la expresión no tenga que exigir límites. El mundo interior es al mismo tiempo el mundo metafísico, pero su forma todavía no está establecida. No obstante, la categoría del más allá —y en Platón, de alguna manera, casi todo lo mítico se ubica en un más allá— ha sido conquistada. El afuera y el adentro, «cuerpo» y «alma», «vestido» y «desnudez», la apariencia y el ser son las categorías decisivas del mito y son también las categorías decisivas del diálogo.

Exteriormente, sin embargo, el mito aún posee todos los rasgos característicos de una fábula o de leyendas etiológicas educativas tales como las que también los sofistas pronunciaban, de acuerdo al siguiente esquema: antaño, con Cronos o Prometeo, era al revés; Zeus lo estableció tal como es ahora y con ello le dio su buen fundamento. Es decir que la forma exterior sigue siendo la misma que la del *mŷthos* del *Protágoras*. El alma aún no es capaz, como sí lo será más adelante, de penetrar también la forma de la narración mítica; la fábula y el *fabula docet* se mantienen a distancia.

Escucha, pues, como dicen, un precioso relato que tú, según opino, considerarás un mito sin realidad, pero que yo creo un relato verdadero, pues lo que voy a contarte lo digo convencido de que es verdad. Como dice Homero, Zeus, Poseidón y Plutón se repartieron el gobierno cuando lo recibieron de su padre. Existía en tiempos de Cronos, y aun ahora continúa entre los dioses, una ley acerca de los hombres según la cual el que ha pasado la vida justa y piadosamente debe ir, después de muerto, a las Islas de los Bienaventurados y residir allí en la mayor felicidad, libre de todo mal; pero el que ha sido injusto e impío debe ir a la cárcel de la expiación y del castigo, que llaman Tártaro. En tiempos de Cronos y aun más recientemente, ya en el reinado de Zeus, los jueces estaban vivos y juzgaban a los hombres vivos en el día en que iban a morir; por tanto, los juicios eran defectuosos. En consecuencia, Plutón y los guardianes de las Islas de los Bienaventurados se presentaron a Zeus y le dijeron que, con frecuencia, iban a uno y otro lugar hombres que no lo merecían. Zeus dijo: «Yo haré que esto deje de suceder. En efecto, ahora se deciden mal los juicios; se juzga a los hombres —dijo— vestidos, pues se los juzga en vida. Así pues, dijo él, muchos que tienen el alma perversa están recubiertos con cuerpos hermosos, con nobleza y con riquezas, y cuando llega el juicio se presentan numerosos testigos para asegurar que han vivido justamente; los jueces quedan turbados por todo esto y, además, también ellos juzgan vestidos; sus ojos, sus oídos y todo el cuerpo son como un velo con que cubren por delante su alma. Estos son los obstáculos que se les interponen y, también, sus ropas y las de los juzgados; así pues, en primer lugar, dijo, hay que quitar a los hombres el conocimiento anticipado de la hora de la muerte, porque ahora lo tienen. Por lo tanto, ya se ha ordenado a Prometeo que les prive de este conocimiento. Además, hay que juzgarlos desnudos de todas estas cosas. En efecto, deben ser juzgados después de la muerte. También es preciso que el juez esté desnudo y que haya muerto; que examine solamente con su alma el alma de cada uno inmediatamente después de la muerte, cuando está aislado de todos sus parientes y cuando ha dejado en la tierra todo su ornamento, a fin de que el juicio sea justo. Yo ya había advertido esto antes que vosotros y nombré jueces a hijos míos, dos de Asia, Minos y Radamantis, y uno de Europa: Éaco. Estos, después de que los hombres hayan muerto, celebrarán los juicios en la pradera en la encrucijada de la que parten los dos caminos que conducen el uno a las Islas de los Bienaventurados y el otro al Tártaro. A los de Asia les juzgará Radamantis, a los de Europa, Éaco; a Minos le daré la misión de pronunciar la sentencia definitiva cuando los otros dos tengan duda, a fin de que sea lo más justo posible el juicio sobre el camino que han de seguir los hombres». (523a-524a)

El reino de la muerte se presenta al final de la *Apología*, al final del *Critón*, al final del *Gorgias* y al final de la *República*. En la *Apología*, la sombra de la muerte se ubica por encima del hombre heroizado y el «verdadero» tribunal por encima del aparente; en el *Critón*, se trata del cumplimiento del deber de ser justo pensando en quienes están bajo tierra; en el *Gorgias*, del desnudamiento del alma y la entrega del alma desnuda a su juez del más allá; en la *República*, del huso de la Necesidad en el que giran encerrados el cosmos, el Estado y el destino de la Humanidad.

El *mŷthos* permanece durante un rato planeando por sobre los diálogos de Platón antes de posarse sobre sus cumbres. En el *Gorgias* entró en contacto por primera vez con el *lógos*.

El *Simposio*

A partir del momento en el que se contempla la Idea, la forma mítica está lista. Hay tres poderes anímicos que bajan el mito del Cielo a la Tierra tras haberse elevado hasta la Idea: Eros, Thánatos y Dike. El resplandor mítico brota de ellos en todas las direcciones, pasa por sobre el diálogo y se reagrupa en universos propios. También la figura de Sócrates se torna un mito en la medida en que el reflejo de la Idea comienza a posarse sobre él. Su ascensión se completa en el *Fedón*: Sócrates elevado por encima de la muerte, elevado por encima de la plenitud superior de la vida; «no semejante a ningún hombre» (*Simposio*, 221c); enigmático en su manera de hablar, de andar y de plantarse; tan humanamente cercano, tan divinamente ajeno; el *eíron*, repleto de una luz supraterrenal, es iniciador en el culto de Thánatos y de Eros.

La obra de esta época de madurez que también en su conjunto se muestra de la manera más clara como un mito es el *Simposio*, que, en general, apenas si reconoce la distinción entre *lógos* y *mŷthos*. En el *Fedón* y en la *República* el vínculo sigue siendo poco transparente, si bien allí también es el *mŷthos* la condición necesaria del *lógos*, tanto como el *lógos* es la condición necesaria del *mŷthos*. La nueva verdad de Platón no emprende una búsqueda del mito sino que en esta época el mito se torna su forma primaria. La dialéctica se torna su ruptura irónica, al igual que el mito, a su vez, es la ruptura irónica de la dialéctica. Pero el mito es el principio *formador*, mientras que la dialéctica es el principio *metodológico* y el que diluye las formas. De allí que la nueva verdad se *forme* también en primer lugar en el mito. Si pretende exhibirse, confirmarse, aplicarse y defenderse de alguna otra manera, en primer lugar tendrá que penetrar en el mito.

Hablemos del mito del *Simposio*, pero no de su acontecer y su solemnidad míticos sino de lo aparentemente instructivo, del carácter mítico que el aspecto teórico de los siete discursos sobre el eros también posee.

El primer discurso, el de Fedro, es un acorde sonoro que, precisamente por ello, no trasciende el tono de alabanza y glorificación propio de un bello canto de ronda. Se eleva hasta los héroes como un escolión festivo. Los cuatro discursos siguientes sobrepasan el límite de este círculo estrecho: cada uno, por cierto, en una dirección diferente y, sin embargo, de manera tal que se agrupan de a dos, en pares contrastantes. El discurso de Fedro se parece a un prólogo al que en el *agón* de los discursos le seguirán, dos veces, dos contrincantes cada vez. El discurso de Sócrates, sexto según el orden, vuelve a correr el límite. En esta ocasión, el límite de este círculo ampliado: en rigor, está más allá del *agón* (lo cual está dicho claramente en 199a-b).

Lo que expone Pausanias, el amante de Agatón, a modo de segundo discurso, es el ideal de la más rancia aristocracia, fundado y sostenido en una teoría marcada por el espíritu de la sofística. A este respecto, su discurso es comparable con la teoría defendida por Calicles en el *Gorgias*. Entre el Eros Pandemo común y promiscuo y el de la noble amistad masculina, el Eros Uranio, se traza una línea divisoria como la que establecía Calicles entre los «muchos» y los «nobles».

Lo decisivo no es el «qué» sino el «cómo»: no si se ama sino quién ama y cómo ama. En Élide y en Beocia las naturalezas son burdas, les falta espíritu y «capacidad de persuasión»: les falta lo que resulta condición necesaria para un Eros distinguido. Entre los jonios y los bárbaros, la dominación extranjera y la tiranía reprimieron el espíritu noble del Eros masculino. Quienes dominan definen las buenas costumbres: de este modo, la justicia, interpretada como *nómos*, es determinada por Calicles como un estatuto que los gobernantes administran en función de su propio beneficio; de allí que haya una tal variedad de costumbres o *nómoi* a propósito de los vínculos eróticos. Por ello Élide y Beocia desconocen el pudor en cuanto a pederastia; por el contrario, en Jonia es completamente rechazada. La culpa de una cosa la tiene la tosquedad de los legisladores; la culpa de lo otro, su corrupción: el egoísmo de los que dominan, la cobardía de los súbditos. Mucho más elevado es el espíritu en Atenas. Sin embargo, para comprender esto amerita hacer aquí también una interpretación de las costumbres. El concepto de *nómos* da motivo para el surgimiento de un conflicto y posibilita su solución gracias a la voluntad sobresaliente del legislador ateniense. Por un lado, la vigilancia estricta de los jóvenes nobles y la consideración del honor de los mayores y de los jóvenes mismos; por el otro, la tendencia a la fascinación por aquella gran pasión, reconocida abiertamente. Interpretadas como *nómos* —es decir, como voluntad estatuida de manera deliberada— ambas cosas juntas deberán parecer estar en contradicción la una respecto de la otra, excepto que la voluntad del legislador sea precisamente la siguiente: que solo se acepte el eros en su forma más noble y elevada. La aparente confusión en el uso de los conceptos éticos de lo «bello» y lo «feo» en la erótica ática se disuelve al advertirse que el *nómos* ático apunta a un encuentro único en su especie: el encuentro entre una gran pasión anímica y no corporal en el amante y, en el amado, el deseo de ser formado, la inteligencia y el «amor a la sabiduría» *(philosophía)*. Este es el «Eros celeste», el hijo de la Venus Urania. Cualquier otra práctica que pudiera estar de moda será vulgar y estará regida por el Eros Pandemo.

A la consideración sociológica le sigue la fisiológica; después del aristócrata toma la palabra el médico, es decir, de acuerdo al concepto de «científico» de la época, el científico, puesto que lo que aún se conservaba de las fuerzas que antiguamente había albergado el cosmos presocrático se encontraba más que nada, en época de Platón, en una medicina que teorizaba intensamente. Erixímaco aporta el ejemplo del fisiólogo meticuloso y seguro de sí que incursiona en la filosofía. Partiendo de su disciplina, la medicina, se pasea por todos los reinos de la naturaleza, por todas las ciencias, abarca el macrocosmos y el microcosmos, se esmera por lograr la completitud, y en todos lados señala efectos de Eros en tanto poder de la armonía, de la concordia, del deseo de lo semejante. Se deja llevar por algo que antaño fuera un gran espíritu. El resultado: eso que antiguamente era espíritu se torna ahora generalización. Estos pensamientos siguen siendo siempre bellos, pero ya no se forma más nada a partir de ellos, sentimos cómo se difuminan... Sin embargo, la ciencia, que cura tan metódicamente el hipo, incluso el fuerte hipo de Aristófanes, ¿cómo no habría de creer que es experta también en el eros?

Han hablado el *nómos* y la *phýsis*, el legislador y la naturaleza; ahora toca el turno a los artistas. El cómico y el trágico son, a su vez, un par. Sin embargo, también aquí hay que analizar internamente al mismo tiempo tanto el vínculo como la oposición de ambos.

Aristófanes comienza con una «revelación», un *hieròs lógos* de cómico.[1] En los orígenes no existía Eros: el ser humano era completo, esférico y poderoso, tenía cuatro brazos, cuatro piernas y una cabeza de Jano. Andaba en cuatro patas cuando no corría dando volteretas en ocho patas. En lugar de dos géneros había tres: el masculino, el femenino y el masculino-femenino; el primero, engendrado por el Sol; el segundo, por la Tierra; el tercero, por la Luna (esto significa que el cielo es el principio del engendramiento cósmico de lo masculino y la Tierra el de lo femenino —puesto que la Luna es, de acuerdo a los pitagóricos, una «Tierra celestial»—, pero al mismo tiempo significa también que lo primero es lo más valioso y lo segundo mejor es lo tercero). El humano, no obstante, era un rebelde (el recuerdo de su insubordinación continúa viviendo en la saga de los gigantes Oto y Efialtes). Puesto que Zeus ya no conseguía defenderse de la arrogancia de los animales esféricos decidió dividirlos por la mitad. Los cortó en dos por el medio, como si fueran frutas para hacer conservas, e hizo que por medio del arte de Apolo las mitades de las cabezas se giraran hacia adentro, que la piel se juntara en el ombligo, como un monedero, y que todo fuera de nuevo reparado y alisado. Entonces las mitades comenzaron a sentir, cada una, la falta de la otra: la mitad de un ser masculino anhelaba su com-

---

1 *Hieròs lógos* significa «discurso sagrado» y es una denominación característica adoptada desde la Antigüedad para referirse a determinados textos órficos. *(N. del T.)*

plemento masculino; la mitad de un ser femenino, el femenino, y la de un ser masculino-femenino, la parte contraria que fuera según cada caso. Se abrazaban, se rodeaban por el cuello, querían volver a conformar una unidad completa, descuidaban el trabajo y morían de hambre. Entonces Zeus se compadeció y llevó sus partes pudendas hacia adelante. Eso las ayudó: se podían encontrar unas a otras, engendrar unas con otras, calmar su deseo y volver al trabajo. De este modo nació Eros: el reunificador de nuestra antigua totalidad, el sanador de nuestra seminaturaleza. Pues todos nosotros somos una mitad, la mitad de un varón primordial, una mujer primordial, o un ser primordial de ambos géneros. Pero las mejores son las mitades de un ser primordial puramente masculino. Casi no se ocupan de la reproducción y sin embargo de ellas se forman los más capaces del Estado. Solo ellas se asocian con su alma por toda la vida. Lo que buscan les resulta a ellas mismas un acertijo —no se trata de la liberación de un impulso—. Pero si Hefesto las retuviera con sus cadenas y les preguntara «¿qué es, pues, lo que queréis?» y ellas permanecieran calladas, por causa de la perplejidad, y él preguntara nuevamente «¿no es este vuestro deseo, estar reunidas tan fuertemente como podáis y sin separaros unas de las otras durante el día y la noche? Sea, entonces: yo quiero ensamblaros y soldaros ¡y así seréis una en lugar de dos, en la vida y en la muerte!», creerían estar oyendo aquello mismo que siempre habían anhelado. Porque nuestra naturaleza original era unitaria y el eros es deseo de unidad. El dios nos separó por culpa nuestra. ¡Que no nos vuelva a separar otra vez y el humano deba, en el futuro, ir saltando sobre una pierna sola, como saltamos nosotros ahora sobre dos!

La forma exterior del mito sigue siendo la de la leyenda etiológica, similar a lo que ocurría con el mito del *Protágoras* y con el del *Gorgias*. También en el *Protágoras* una caída amenaza a la humanidad primitiva por no conocer la justicia, así como desconoce aquí el uso del eros. Allí también teme Zeus por ellos y se ocupa de su salvación. Aquí, como allí, el estado originario aparece como una inversión del actual: si el humano, en tanto amante, es una mitad, se debe a que antiguamente era una totalidad, etc. De igual modo en el *Gorgias*: si el juicio de las almas es ahora un juicio de los muertos, es que antiguamente era un juicio sobre los vivos... En cambio, si se presta atención a la forma interior, ¡qué transformación! Este mito ya es un disparo, si bien se trata de un primer disparo, intencionalmente fallido —es el mito de un cómico—; sin embargo, ya es un disparo en dirección a un blanco en el que el mito de Diotima sí va a acertar. Este mito ya identifica al eros como recuerdo y como búsqueda de la forma primaria: Eros está hambriento y menesteroso, pero hambriento de totalidad humana y no aún de belleza divina. No falta lo esencial: falta únicamente el reino espiritual. El afán de totalidad es aquí un anhelo de la figura originaria, una fabulosa forma esférica del cuerpo: no es un ascenso y una elevación, ni un comienzo y un fin; no es el camino que va del cuerpo al espíritu, ni los escalones que ascienden de lo bello terrenal hacia la Idea (205c). El poder del dios está fuertemente sujetado a lo corporal. ¿Qué posibilidad podría haber de volar?

El quinto orador, por esta razón, recupera la belleza perdida. Pero ¡qué clase de belleza! Si el discurso de Aristófanes se asemejaba a una raíz, o mejor, a un bulbo sin flor, el discurso de Agatón se asemeja a una flor sin raíz. Agatón, el favorito, el homenajeado del día, es un embellecedor fervoroso, un embellecedor a toda costa: del dios, de la palabra, de sí mismo. El medio del que se sirve es la personificación consciente, la sistemática transferencia de los efectos hacia la figura, o, dicho con otras palabras, la degeneración artística de la visión mítica. Y además solo ve, entre los efectos, los que sientan muy bien a la figura. Está enceguecido por su deleite en la belleza. Las fuerzas de lo pasado, incluida la de los antiguos poemas, son rechazadas; todas las raíces son arrancadas; no queda sino el gesto desarraigado (aunque triunfal en su perfección formal) del virtuoso. Agatón encarna también uno de los destinos del arte griego —no solo del arte de la palabra: nos remite a la blandura de las imágenes de los vasos de estilo tardío con su preferencia por Afroditas y Eros, con el blanco de la carnación incorporado, con sus ornamentos en oro...—. También Agatón es un mito.

Eros es el más hermoso de los dioses. En primer lugar, es el más joven. Eros odia y escapa a la vejez. La vejez es rápida; Eros es más rápido. Entonces, Eros no es, como dicen los poetas, más antiguo que los titanes, sino el más joven de todos los dioses. Antiguamente dominaba la Necesidad; en la era de la amistad y la paz es Eros quien domina sobre los dioses. [...] Eros camina y mora entre lo más delicado: en las almas y corazones de dioses y seres humanos. Se aleja de corazones duros. Por ello es el más juvenil, delicado y suave de los dioses. [...] La violencia no es compatible con Eros, ni en el padecerla ni en el ejercerla; por ello Eros es siempre justo. [...] Aquel a quien Eros toca se torna poeta; por ello Eros es también poeta, de todos los géneros. [...] En una palabra: Eros es el dador de todo lo bueno, de todo lo be-

llo, para los dioses y para las personas. [...] Nos libera del
extrañamiento [antipatía], nos llena de intimidad [simpatía];
organizador de toda reunión, es nuestro guía en fiestas, dan-
zas y sacrificios [...]. Este es mi discurso. Que quede establecido como mi ofrenda en el templo del dios. (195a-197e)[2]

Cuando Agatón concluye, todos lo ovacionan sonoramen-
te: el discurso fue tan digno del dios como de él mismo.
La circunstancia de que todos hablen siguiendo el orden
en el que están dispuestos y el motivo compositivo acce-
sorio del hipo que en un primer momento impide hablar a
Aristófanes (quien debía hacerlo después de Pausanias) y
lleva a Erixímaco a tomar la posta, contribuyen a que este
orden, deliberado, aparezca como algo casual y sin embargo
no casual: solo se juega con un plan cuando ya se tiene uno.
El conocimiento de este orden no es del todo irrelevante. Si pienso dos veces en dos negaciones, estoy buscando
una totalidad. Cuando Heráclito dice «La guerra de todos
es padre, de todos rey; a los unos los designa como dioses,
a los otros, como hombres; a los unos los hace esclavos, a
los otros, libres»,[3] se refiere a la totalidad absoluta de todos
los órdenes. De igual modo, Platón piensa en el conjunto
de todos los efectos, figuras y posibilidades del eros en general. El tema, en rigor, parece haberse agotado con estos
cinco discursos. El *eíron* Sócrates reconoce la dificultad o

---

2 La mayoría de los fragmentos del *Simposio* que se citan en este capítulo están
traducidos de la redacción original en alemán de Reinhardt, ya que el autor recorta
el texto fuente platónico o recurre a la paráfrasis. En esos casos no se sigue, como
en el resto del libro, la versión castellana de Gredos. *(N. del T.)*
3 A. Bernabé (ed.), *Fragmentos presocráticos. De Tales a Demócrito*, Madrid,
Alianza, 2008, fragmento 29 (DK 53), p. 133.

incluso la imposibilidad de agregar algo más. Este es, pues, el estado de las reservas con que se encuentra, al momento de comenzar, el mensaje socrático, la hora de nacimiento de la comunidad nueva. Solo falta una cosa: ¡la verdad! Cinco disparos lo preceden; el sexto da en el blanco. Si el sexto discurso no supusiera la unidad del símbolo en la que se integra lo que en los cinco primeros se desplegó en erotismo; si esta no elevara hacia la luz, desde profundidades insospechadas, las deducciones que estaban contenidas allí; si el sexto discurso no fuera la llave y la puerta del santuario, todavía cerrado, del alma; entonces lo fundamental del *Simposio* acabaría por no ser más que una serie de seis discursos, de entre los cuales resultaría que el último es el más bello. Los cinco primeros deben ser evaluados negativamente en la medida en que cada escalón, a raíz de su alcance solo parcial, sigue siendo algo negativo. Y en lo tocante a la ironía: ¿en dónde podría encontrarse, sin la ironía, un contraste para lo más alto y lo más profundo? ¿En dónde habría una totalidad en Platón? ¿En dónde hay una ironía que no sea al mismo tiempo una fuerza formadora y positiva? El discurso de Diotima consigue la victoria, es decir, que los convidados mismos deberían admitir, si se los interrogara, «el Eros en el que pensábamos, al que no llegamos, ¡ahora sí apareció!». Solo que, precisamente, este acto de reconocimiento no ha de acontecer; del mismo modo, pues, en que ningún diálogo en el que se luche contra una potencia adversaria conocerá un reconocimiento semejante. Una conversión de esta naturaleza estaría fuera de lugar.

En los primeros cinco discursos se presenta un mundo en el que, en el momento en que comienza la anunciación socrática, el mundo interior se transforma en mundo invertido. Así como Platón debió comenzar como negador, también lo hace Sócrates, negador incluso en el momento de esplendor del *Simposio*.

> Según parece, me equivoqué: habíais acordado que cada uno de vosotros daría solamente la *«impresión»* de estar encomiando a Eros. Pero para una competencia tal soy incapaz. Excepto que quisierais la *«verdad»*. Hablaré, pues, pero no a fin de medirme con vuestros discursos —haría el ridículo— sino a mi manera. (198d-199b)

Entonces brota de golpe la dialéctica. La nueva verdad comienza con un desengaño: ¿no pertenece el eros a un género de cosas que se dirigen hacia un objeto? ¿Y no lo desea él a dicho objeto? ¿Y no está él también necesitado de aquello que desea? ¿Y no ama eternamente aquello de lo que eternamente carece: la belleza que él mismo no tiene?; etc. En la irrupción del mito desde la dialéctica se replica la irrupción del mito desde el alma de Platón. Pero, mientras aún juega la dialéctica, se produce un corrimiento en la conversación. En lugar de hablar Sócrates y Agatón, hablan ahora Sócrates y Diotima. ¿Qué está ocurriendo? Recién nos enseñaban que entre opuestos contrarios existe un mediador: entre lo bello y lo feo, entre el saber y el no saber, y también entre lo mortal y lo divino... Y henos aquí: ¡estamos en medio de una doctrina sobre lo «demónico»! ¿En dónde nos encontramos? Sin advertirlo, salimos del reino de la dialéctica para ingresar en el reino del alma y el mito está listo para recibirnos.

Ahora es la sacerdotisa la que guía. Realiza las iniciaciones, pero con un tono de reprimenda, una voluntad de afrenta y un exceso de suspicacia notables. El mito es ondulación. En las ceremonias de iniciación vibra la ironía. ¿Cómo podría, si no, presentarse la seriedad?

> Sin embargo todos dicen que es un gran dios.
> —¿Todos?
> —Sí, todos.
> Entonces ella rió y me dijo:
> —¿Y cómo podrían decirlo quienes consideran que no es un dios?
> —¿Quiénes son esos?
> —Tú, en primer lugar; en segundo lugar yo. (202b-c).

Si bien no existe un cosmos espacial en el que cobre forma el alma, como sí ocurría en el *Fedro*, el *Fedón* o la *República*, ni existen un arriba y un abajo, un Cielo, un Infierno y una Tierra, de todos modos sí hay una conexión y un universo de poderes: dioses, hombres y démones. En lo demónico está contenido lo mágicamente atrapante del alma, lo «irracional». Lo demónico se encuentra en el medio entre dios y ser humano, interpretando y transmitiendo para los dioses lo que viene del humano y para el humano lo que viene de los dioses; el ruego y la ofrenda de los humanos, el mandato y la recompensa de los dioses. Solo por estar ubicado él entre ambos es que estos dos forman un todo y el universo se cohesiona. Toda mántica, todo saber sacrificial, toda iniciación y toda magia encuentran su camino a través de lo demónico. Pues el dios no deviene común con el humano… Solo quien tiene conocimiento de lo demónico es un humano «demónico» (grande, extraordinario); el saber respecto de todas las otras artes solo genera incultos. Hay muchos de estos démones. Uno de ellos es Eros.

¿Qué es lo demónico? Si en Homero las denominaciones «dios» y «demon» se aplican, sin distinción, a los mismos seres, de ello no se sigue que no existiera ninguna distinción, sino más bien que dos antiguas especies se reunieron en una. Los campos semánticos de ambos asemejan dos círculos que se intersectan pero no se superponen. Lo mismo ocurre con los adjetivos «divino» y «demónico». Ni siquiera Homero puede sustituir nunca el uno por el otro. El primero refiere siempre a lo divino en tanto que elevado y el segundo a lo mismo pero siempre en tanto que realizador; el primero designa lo configurado y el segundo lo no configurado, lo inconcebible, en sus muy diversas variantes y niveles, hasta el modo de invocarlo. Si bien solo en el *Simposio* hay una auténtica demonología, tiene que haber existido algo semejante —rudimentos, por lo menos— ya antes de la época de Platón, tal como ocurría con las escatologías del orfismo. Existe un saber específico, obviamente secreto, acerca de lo demónico: en caso contrario no podría Platón interpretarlo y darle vida. Solo quien posee este saber puede hacer con eficacia sacrificios, hechizos, etc. Porque el saber acerca de los espíritus es un poder sobre los espíritus. Aparece una referencia a un saber semejante en el final del poema de Empédocles, junto con la irrupción de la magia en la explicación de la naturaleza. ¿Y no están ya insertos allí también los antepasados de los espíritus elementales, más tardíos? También Diotima posee un saber de esta clase, por medio del cual consiguió para los atenienses aquel aplazamiento de su peste. Sin embargo, recién con Platón la magia se transforma en mito y la doctrina en manifestación: otra magia brota desde el alma y comienza a jugar con la tradicional.

Junto a la tensión entre lo mortal y lo eterno se incorpora otra, entre exaltación y miseria, entre Abundancia (Recursos) e Indigencia. En el centro del *Simposio*, como en el centro del discurso de Diotima, se alza una leyenda sobre el nacimiento de Eros; en cuanto a su forma literaria, un *mŷthos*, como la educativa historia del sofista Pródico acerca de Hércules en la encrucijada. Pero una vez más: ¡qué cambio! Lo educativo desapareció. Una vez más, se advierte cómo la nueva alma, a partir del relato mítico, produce para sí su propio mito.

—Pero ¿quién es el padre de Eros? ¿Quién es su madre? [...] Cuando nació Afrodita, los dioses celebraron un banquete y, entre otros, estaba también Poros, el hijo de Metis. Después de que terminaron de comer, vino a mendigar Penía, como era de esperar en una ocasión festiva, y estaba cerca de la puerta. Mientras, Poros, embriagado de néctar —pues aún no había vino—, entró en el jardín de Zeus y, entorpecido por la embriaguez, se durmió. Entonces Penía, maquinando, impulsada por su carencia de recursos, hacerse un hijo de Poros, se acuesta a su lado y concibió a Eros. Por esta razón, precisamente, es Eros también acompañante y escudero de Afrodita, al ser engendrado en la fiesta del nacimiento de la diosa y al ser, a la vez, por naturaleza un amante de lo bello, dado que también Afrodita es bella. Siendo hijo, pues, de Poros y Penía, Eros se ha quedado con las siguientes características. En primer lugar, es siempre pobre, y lejos de ser delicado y bello, como cree la mayoría, es, más bien, duro y seco, descalzo y sin casa, duerme siempre en el suelo y descubierto, se acuesta a la intemperie en las puertas y al borde de los caminos, compañero siempre inseparable de la indigencia por tener la naturaleza de su madre. Pero, por otra parte, de acuerdo con la naturaleza de su padre, está al acecho de lo bello y de lo bueno; es valiente, audaz y activo, hábil cazador, siempre urdiendo alguna trama, ávido de sabiduría y rico en recursos, un amante del conocimiento a lo largo de toda su vida, un formidable mago, hechicero y sofista. No es por naturaleza ni inmortal ni mortal, sino que en el mismo día unas veces florece y vive, cuando está en la abundancia, y otras muere, pero recobra la vida de nuevo gracias a la naturaleza de su padre. Mas lo que consigue siempre se le escapa, de suerte que Eros nunca ni está falto de recursos ni es rico, y está, además, en el medio de la sabiduría y la ignorancia. [...] Así, pues, ningún dios, ningún sabio filosofa *[philosophiert]*, porque ya posee la sabiduría; ningún ignorante filosofa, porque cree que la posee.

—Pero entonces ¿qué ocurre con los filósofos?

—Juego de niños: son lo que se encuentra en el medio entre ambos, como, por ejemplo, precisamente Eros. Si no hay nada más bello que la sabiduría y Eros es amor a lo bello, entonces deberá Eros ser también un filósofo, y en tanto filósofo ocupar un punto medio entre los sabios y los ignorantes. (203a-204b)

Una vez más interviene un juego de dialéctica para seguir trabajando el mito en el plano conceptual. Pues la última elevación está aún por venir; la auténtica revelación se presenta con el ascenso desde los modos de ser de Eros hasta sus efectos: nacimiento y engendramiento. Una vez más se atraviesa una totalidad: el impulso y el espíritu, la naturaleza y el ser humano, la vida y las artes, el alma y el Estado, lo mortal y lo eterno. Lo que habían alcanzado Fedro y

Erixímaco, Pausanias, Agatón y Aristófanes era la cáscara. Ahora aparece el núcleo: Eros como fuerza creadora que produce sus efectos penetrándolo todo. Sin embargo, también esto debe ser reconocido más como una manifestación que como una doctrina.

Eros —ahora se revela— no era en absoluto amor a lo bello, sino al nacimiento y al engendramiento en lo bello. Él es también una búsqueda del bien. Y ¿por qué el nacimiento? Porque es lo único eterno, la única inmortalidad que se le concede a lo mortal. Está embarazado tanto el cuerpo del ser humano como su alma, y, cuando madura, la naturaleza aspira a dar a luz. Pero solo puede dar a luz en algo bello, no en algo feo. Y esto —el nacimiento y el engendramiento— es algo divino, algo inmortal en lo mortal. Toda criatura da a luz con dolor, con un ansia tortuosa. Sacrificio y entrega es el nacimiento; sacrificio, la crianza. Eso hace que lo mortal aspire a la inmortalidad, pero esta se da en la forma de la renovación y el nacimiento. En el alma tanto como en el cuerpo: todo pensamiento y toda aspiración, toda invención y toda composición, todo anhelo en el espíritu es también un eterno desprenderse, un eterno declive. Solo así participa lo mortal de lo inmortal. Ahora bien: aquellos que portan el fruto en el cuerpo se inclinan más a las mujeres y sirven a Eros de este modo para conseguirse la inmortalidad, que su nombre sea recordado y la dicha eterna por medio de los hijos. En cambio, a quien lleva el fruto en el alma —pues también hay de esta clase, cuya alma está embarazada más que el cuerpo de aquello que le corresponde al alma dar a luz y cargar durante el embarazo—, a ellos ¿qué les corresponde? La comprensión y toda virtud. Parturientos de esta clase son todos los poetas, todos los inventores. Pero en el nivel más elevado se encuentra la comprensión de los ordenamientos de los Estados y las ciudades que aquí es llamada *sophrosýne* y *dikaiosýne*. Cuando uno de estos, un «divino» de alma, embarazado desde la juventud, llegue a la edad del anhelo del nacimiento y la procreación, seguramente buscará por todas partes algo bello en donde engendrar, pues en algo feo no podría hacerlo nunca. Prefiere los cuerpos bellos a los feos, pero si encuentra un alma bella y bien formada, su alegría por ambas cosas es grande: entonces le llegan en masa las palabras en torno a la virtud, los modos y la vocación del noble; entonces su deseo es educar. Pues la comunión y el contacto con lo bello hacen que madure el fruto que hace tiempo está cargando; piensa en el amigo tanto teniéndolo cerca como teniéndolo lejos y junto con él cría al ser alumbrado; su comunidad es mucho más estrecha y su amistad más firme que la que existe entre varón y mujer, puesto que sus hijos son tanto más bellos e inmortales.

Pero la última iniciación lleva aún más alto. Quien quiera alcanzarla deberá, por cierto, comenzar con un cuerpo bello, deberá entregarse por completo a uno solo de ellos para dar a luz con el alma, pero no puede permanecer allí sino que debe avanzar hasta el ser unitario, debe encontrar lo bello mismo en todo lo bello, y luego debe reconocer que la belleza en el alma es más que la belleza en el cuerpo; debe aprender a amar un alma noble incluso en un cuerpo escasamente atractivo y entregarse a ella para engendrar con ella pensamientos que ennoblezcan a los jóvenes; ascendiendo de nivel en nivel; luego debe reconocer todo lo que es bello en las costumbres y las leyes; luego contemplar lo bello en las ciencias, un nuevo inmenso mar de pura belleza, para elevarse por último hasta la fuente originaria de todo lo bello: la Idea.

Ya han alabado todos al dios cuando retumba la puerta de la casa, golpeada ruidosamente como por un grupo de juerguistas. Se hace abrir la puerta e ingresa Alcibíades, rodeado por un *kômos*,[4] ebrio y sostenido por una flautista. Entra para coronar con las cintas de su cabeza la cabeza de Agatón. Entonces advierte a Sócrates, lo corona también a él y, como una «revancha» nacida de sus «celos», hace, en lugar de un discurso sobre el eros, uno a propósito de Sócrates, una «alabanza para provocar la risa» (aquella risa después de la cual comienza lo serio y que equivale a un *incipit tragœdia* encubierto). Ahora los discursos se tornan realidad, el eros drama y los dos mayores antagonistas de este drama pasan a ser Sócrates y Alcibíades. El poder de aquello demónico de donde proviene el eros toma posesión de ellos; recorre una vez más todos los niveles, pero ahora directamente en el contacto de dos almas, por medio de la magia de la atracción y el rechazo, en un encontrar, buscar, tomar y sin embargo no poder retener.

¿Acaso no es un Sileno este Sócrates? ¿No es un Marsias de nariz chata? ¡Cómo me hechiza su música de flauta! ¡Cómo me atrae su palabra! ¡Cómo me toma prisionero, cómo me conmociona su discurso cazador de almas! Se me acelera el corazón, brotan las lágrimas con más ardor que en una danza de coribantes. Lo que no puede el mismísimo Pericles sobre mí, ¡lo puede este Marsias! Cuán frecuente-

---

4 El término griego κῶμος *(kômos)* alude, en el sentido en que se lo utiliza aquí, a un grupo de personas que está celebrando algo. Poco más adelante en este mismo capítulo Reinhardt vuelve a escribir *Komos*, como en esta ocasión, pero allí parece estar refiriéndose, en cambio, al κομμός *(kommós)*, canto de lamento característico del drama griego. *(N. del T.)*

mente escapé de su canto de sirenas...: si lo oigo, mi vida me parece un sinsentido. Pero ni aun así conseguiría resistirme. Me ocurre algo que nadie puede creerme: delante de él me avergüenzo. Por consiguiente, lo evito, intento escapar de él y a menudo desearía que estuviera muerto [...]. Os parece, pues, que este flautista persigue a la juventud, pero ninguno de vosotros lo conoce; solo yo vi su interior. Está lleno de soberbia, lleno de desprecio por todo lo que es apreciado: la belleza, la juventud, el honor. Toda su cacería de estas cosas no es más que ironía. Como en las estatuillas de Sileno que contienen en su interior imágenes de dioses, en él todo es divino, dorado y maravilloso. Cuando advertí esto, lo perseguí, intenté apropiarme de él, seducirlo. Dejaba ir a mi educador cuando hablaba con él; a menudo me quedaba solo con él; lo invitaba a menudo al banquete; luchaba con él, lo cortejaba, como si yo hubiera sido el amante y él el amado... (215a-216c)

Así, pues, después de los discursos *sobre* el eros, habla el Eros mismo, el hijo de Abundancia e Indigencia. También empieza hablando el Eros heroico, el que Fedro había alabado en un comienzo: así como el amado salva al amante en el combate y cuida del herido, como Aquiles con Patroclo —como en la copa de Sosias que está en Berlín—, así combaten y se salvan el uno al otro Sócrates y Alcibíades. El final se vuelve, pues, sobre el principio. Pero Sócrates incluso supera a Aquiles: no es comparable con nadie —excepto con Marsias y Sileno...

El discurso de Alcibíades será el último. Bromas acerca de los nuevos celos de Alcibíades al ver a Agatón sentado junto a Sócrates... La llegada de una banda de nuevos invitados... El inicio de un beber desenfrenado... El narrador solo recuerda que despertó al alba, vio todo adormecido a su alrededor excepto por Agatón, Sócrates y Aristófanes, que conversaban. Pero no fue capaz de retener sino que Sócrates demostraba que el auténtico trágico ha de ser también el auténtico cómico y a la inversa.

Los roles del amante y el amado se intercambiaron. Alcibíades, coronado, borracho, en el demon de la ebriedad, tambaleándose en la abundancia, es el necesitado; y Sócrates, el misterioso cazador de almas, el acosador y encantador demónico de la juventud, el singular fanático, es el centro imperturbable, el divino dispensador santificado por Eros. Y sin embargo el Eros de ambos sigue siendo un combate de dos poderes que se atraen eternamente y eternamente se distancian: de un lado, el poder demónico de la vida poseída por sí misma, con la belleza de su despilfarro pasional, con su hambre de posesión; del otro, el rigor salvífico del espíritu, que actúa por mor de lo eternamente bueno, con la belleza de su austeridad. Aunque ¿se trata, aquí, solo de austeridad? ¿O está también la fuerza endemoniada del espíritu —del el espíritu-sirena— contra la fuerza endemoniada de la vida? En Sócrates también prolifera la abundancia de ambas: ¡es, él mismo, el escalafón completo!

Agatón era un mito; tanto más lo es Alcibíades. También aquí damos prioridad a la explicación mitológica por sobre la psicológica. Alcibíades: es decir, lo único sustancial, lo único del mismo nivel que puede sostenerse al lado de Sócrates. Solo ellos dos, los únicos «demónicos», se adivinan el uno al otro; la fuerza capta a la fuerza y por medio de este reconocimiento mismo se echan mutuamente a perder. Lo conmovedor, en Alcibíades, no es tanto la vivencia del ser humano que quiere lo bueno y hace lo malo, no es tanto el espectáculo cotidiano de su fracaso, sino más bien el contraste de la separación y la reunión, la tragedia de lo infranqueable intrínseca a Eros, al demon, desplegada aquí en una lucha de dos almas, lucha que se vincula con la leyenda del nacimiento como lo hacen las escenas de combate de las metopas con los nacimientos de los dioses en el tímpano de los templos.

El *Simposio* es la glorificación dionisíaca, al mismo tiempo *kommós* y presentimiento de la tragedia de este Eros que es el hijo de la Indigencia y la Abundancia, que nunca queda satisfecho, que jamás se calmará, ni en la próxima cosa bella ni en la más bella de todas, porque, por así decir, lo infinito no se disuelve en lo finito; o, como afirma el griego, porque sigue siendo el eterno mediador entre los dioses y los seres humanos.

Escatologías del período de madurez

En la realización más compacta, de entre sus formas posibles, el mito aparece cuando el dialéctico, el suprasensible que busca la verdad en formas puras, acaba yendo a parar a algo cada vez más elevado, más puro, más distante de los sentidos, para súbitamente escapar de su senda estrecha y escarpada en dirección a mundos nuevos de un colorido maravilloso y una espaciosidad inimaginada en donde espacio y tiempo se tornan imágenes de lo eterno, en donde el dialéctico se convierte en creador de mundos. Al modo del demiurgo del mito del *Timeo* sobre la creación del mundo, el «demiurgo» en Platón mismo produce cosmos míticos según ese eterno modelo. La contemplación y la creación se equilibran entre sí. Sin embargo, incluso el demiurgo solo puede crear en la materia, únicamente en lo sensible, es decir, en lo figurado.

Compararemos los mitos escatológicos de tres diálogos —*Fedro*, *Fedón* y la *República*— compuestos durante la época de madurez de Platón, la cima de su obra, para preguntar por la potencia formadora que introdujo el mito en cada una de estas obras.

El *Fedro*

En la primera parte del *Fedro* se repite el mismo ritmo de la serie de discursos del *Simposio*, pero de manera más abrupta y más atropellada. Las fuerzas enfrentadas se tornaron en buena medida irreconciliables. El *Fedro* es, desde todo punto de vista, una obra más tardía.

También el *Fedro* es una glorificación de Eros, pero ¡cuán diferentes son los mitos! Y no solo los mitos: cada mito también brota de una emotividad propia. El Eros del *Simposio* apuntaba a la procreación. El símbolo de la procreación estaba en su centro: anunciado en el mito de Aristófanes, en su cúspide en la leyenda sobre el nacimiento de Eros y como interpretación y explicación de todos los reinos en las revelaciones de Diotima. Lo que en el *Simposio* se explica mediante la procreación lo explica en el *Fedro* el ala. El arrebato es otro, como es otra la hora del día: se trata del arrebato de la «locura divina», al calor del mediodía, junto al santuario de las ninfas.

Pero también se entendería mal el mito del *Fedro* si uno se dirigiera a él sin preparación. Y ¡cuántas preparaciones hacen falta antes de ir tan lejos! ¡Cuántos grados de lo mítico deben ser recorridos aún!

También el *Fedro* es una competencia entre pares de discursos, y también se llama *mŷthos* a la obra maestra discursiva con la que Sócrates supera a Lisias. En realidad, el discurso mismo está acompañado por una introducción y una investidura tales que toda esta obra —obra de rostro doble y doblemente juguetona, de una rivalidad impuesta y buscada a la vez— pasa de tratar de lo que sucede entre dos almas en un primer escenario a un juego dentro del juego, a un combate en el que está de espectador, a su vez, el combate mismo de las almas. Esa investidura (por llamarla así) estiliza lo que sigue, haciéndolo parte de una narración erótica. Comparemos:

En la ciudad de Tespis, en Beocia, vivía un niño llamado Narciso muy hermoso que, sin embargo, despreciaba a Eros y a los amantes. Todos los demás amantes abandonaron sus reclamos; excepto Aminias, único que no desistió con sus ruegos. Cuando el niño, que continuaba rechazándolo, le envió una espada, se dio muerte con la espada, suplicando al dios que lo castigara. (Conón, recogido en la *Biblioteca* de Focio, cod. 186)

Había una vez un adolescente, o mejor aún, un joven muy bello, de quien muchos estaban enamorados. Uno de estos era muy astuto, y aunque no se hallaba menos enamorado que otros, hacía ver como si no lo quisiera. Y como un día lo requiriese, intentaba convencerle de que tenía que otorgar sus favores al que no le amase, más que al que le amase. (*Fedro*, 237b)

Aquí también el *mŷthos* es una forma de lo indirecto, una de las gracias del Eros platónico. La invocación a las musas hecha al comienzo equivale a la que habría en un poema. Sin embargo, se van elevando cada vez con más fuerza el arte oratorio del estilo de la época y el cálculo psicológico hasta ser una blasfemia del eros; una y otra vez somos alejados de las musas y conducidos hacia la testarudez de pretenciosos argumentos; el sentimiento del amante se transforma en el amor de los lobos por las ovejas; más de una vez el maestro pide que se le permita detenerse pero el joven pende hechizado de su boca engañosa. También la ironía es una fuerza; y la fuerza más elevada arroja fuera de sí la negación y la «blasfemia» antes de empezar a hablar ella misma: el tronco tensado ha de ser arqueado con más y más fuerza antes de volver con violencia a su posición original, las aguas deben acumularse antes de romper las represas —la represa del estilo, la de la convención, la de la broma complaciente, y, por último, la represa más dura: la de la propia timidez de mostrar lo que se agolpa, contenido, en el interior—. Hay que decir la blasfemia antes de entonar el himno.

Así como a la alabanza, en las canciones de alabanza, le gusta cantarse a sí misma, de igual modo ocurre aquí con la «locura divina». Las grandes cosas solo son dichas en un estado de locura. Y lo divino debe venir él mismo: no hay nada que pueda mandarlo a llamar. Solo la hora del mediodía y la blasfemia excusan lo que se desencadena ahora —que se desencadena en el lenguaje de una prosa evolucionada, en la Atenas del siglo IV, divorciada del mito, en medio de una literatura cuyos amos son Lisias e Isócrates—: ¡una nueva himnodia!

La ironía, sin embargo, no quiere retroceder ni siquiera aquí. Es más, recién ahora la polaridad entre las almas y el discurso, entre lo serio y el juego, entre el arrebatado y el que está consciente, entre el ditirambo y el diálogo, asciende hasta su punto máximo de tensión. Señal de lo cual son las etimologías. Existe, seguro, un etimologizar que procede con seriedad, pero no en Platón. La emoción habla primero en una especie de floreado sinsentido. Considerada desde un punto de vista literario, exterior, la apelación a los antiguos dadores de nombres es más o menos la misma y se encuentra, en tanto introducción, en una posición más o menos igual a la que tiene, en boca de Protágoras, la reconstrucción, desde los tiempos primeros, de una sofística oculta. Pero lo que allí era extraño —o aparecía como extraño— aquí se torna propio, lo cual constituye un nuevo nivel de ruptura, pues la prosa culta ya significaba en sí misma una ruptura. No es de extrañar que aquí donde aparece por primera vez, es decir, aquí donde aparece como el signo de una nueva potencia mítica que rompe las barreras de un primer y joven mundo de la prosa, del siglo de la prosa ática clásica, adopte una forma del combate que solo es comparable con la resistencia del humano hacia el dios que comienza a hablar por medio de él. La ironía del ingenio se torna ironía del alma: se torna recipiente del *enthousiasmós*.

Y no digamos ya de la Sibila y de cuantos, con divino vaticinio, predijeron acertadamente, a muchos, muchas cosas para el futuro. Pero si nos alargamos ya con estas cuestiones, acabaríamos diciendo lo que ya es claro a todos. Sin embargo, es digno de traer a colación el testimonio de aquellos, entre los hombres de entonces, que plasmaron los nombres y que no pensaron que fuera algo para avergonzarse o una especie de oprobio la *manía*. De lo contrario, a este arte tan bello, que sirve para proyectarnos hacia el futuro, no lo habrían relacionado con este nombre, llamándolo *maniké*. Más bien fue porque pensaban que era algo bello, al producirse por aliento divino, por lo que se lo pusieron. Pero los hombres de ahora, que ya no saben lo que es bello le interpolan una *t*, y lo llamaron *mantiké*. También dieron el nombre de *oionoistiké*, a esa indagación sobre el futuro, que practican, por cierto, gente muy sensata, valiéndose de aves y de otros indicios, y eso, porque, partiendo de la reflexión, aporta, al pensamiento *[oíesis]*, inteligencia *[noûs]* e información. Los modernos, sin embargo, la transformaron en *oiōnistiké*, poniéndole, pomposamente, una omega. De la misma manera que la *mantiké* es más perfecta y más digna que la *oiōnistiké*, como lo era ya por su nombre mismo y por sus obras, tanto más bello es, según el testimonio de los antiguos, la *manía* que la sensatez, pues una nos la envían los dioses, y la otra es cosa de los hombres. (244b-d)

Al centelleante proemio le sigue —no sabemos si también aún centelleando o incluso también centelleando en colores más puros— la demostración de la existencia del alma: «Prueba, que, por cierto, no se la creerán los muy sutiles, pero sí los sabios» [245c]. Ya aquí el *mŷthos* tiende en dirección al cosmos; si bien no se asienta en el universo, sí es cósmico el tono en el que suena. Pues con ese mismo tono hablaron los antiguos cosmólogos, desde la época de Anaximandro, del «principio» *(arkhé)* y el «fin» *(teleuté)* de las cosas, de la falta de principio del principio, de la eternidad del movimiento, de la inmortalidad de lo infinito y de la interconexión entre devenir y perecer. En la traducción se echa de menos parte de esa expresividad. La falta de artículo, la ausencia de cópula, la forma predicativa de las oraciones y, por último, la forma en general de la demostración: todo ello es muy poco visible en la singularidad de su estilo. Pero pueden servir de ejemplo de este antiguo tono un par de frases de Meliso, pues a tal punto parece haberse dado este tono en conexión con el problema del *diákosmos* que incluso este eléata tardío de algún modo mantiene la manera en que Anaximandro y sus seguidores hablaban del «principio».

Toda alma es inmortal. Porque aquello que se mueve siempre es inmortal. Sin embargo, para lo que mueve a otro, o es movido por otro, dejar de moverse es dejar de vivir. Solo, pues, lo que se mueve a sí mismo, como no puede perder su propio ser por sí mismo, nunca deja de moverse, sino que, para las otras cosas que se mueven, es la fuente y el origen del movimiento. Y ese principio es ingénito. Porque, necesariamente, del principio se origina todo lo que se origina; pero él mismo no procede de nada, porque si de algo procediera, no sería ya principio original. Como, además, es también ingénito, tiene, por necesidad, que ser imperecedero. Porque si el principio pereciese, ni él mismo se originaría de nada, ni ninguna otra cosa de él; pues todo tiene que originarse del principio. Así pues, es principio del movimiento lo que se mueve a sí mismo. Y esto no puede perecer al originarse, o, de lo contrario, todo el cielo y toda generación, viniéndose abajo, se inmovilizarían, y no habría nada que, al originarse de nuevo, fuera el punto de arranque del movimiento. (245c-e)

Siempre era lo que era y siempre será. Si, en efecto, se hubiese generado, habría sido necesario que antes de generarse fuese nada [...]. Puesto que no se ha generado, es, o sea no solo era, sino también siempre será, y no tiene por tanto tampoco principio ni fin [...]. Si se hubiese generado, tendría principio (pues en cierto momento habría comenzado a generarse) y fin (pues en cierto momento habría terminado de generarse); pero, puesto que no comenzó ni terminó, pues siempre era y siempre será, no tiene por tanto principio ni fin. No es factible, en efecto, que siempre sea lo que no es un todo. Es, pues, entonces, eterno, infinito, uno y todo homogéneo. Y no puede perder algo, ni hacerse más grande, ni cambiar su forma [...]. Si se alterase, necesariamente no sería homogéneo lo que es, sino que tendría que perecer lo que era antes y tendría que generarse lo que no es. (Meliso, DK 30, B 1, 2, 7)[1]

La demostración liga la eternidad del alma con la eternidad del cosmos; se entretejió allí la majestuosidad del ser del mundo. Pero cómo este vínculo se manifiesta en el alma misma como tendencia y como un elevarse solo puede ser revelado por medio de una «alegoría»:

> Sobre la inmortalidad, baste ya con lo dicho. Pero sobre su idea hay que añadir lo siguiente: cómo es el alma, requeriría toda una larga y divina explicación; pero decir a qué *se parece*, es ya asunto humano y, por supuesto, más breve. *(Fedro, 246a)*

El alma se parece a un todo cuyos elementos se desarrollaron en simultáneo, representado como un carro alado, con dos caballos y un auriga. Los carros de los dioses son tirados por una yunta de pura sangre noble que en los carros restantes, en cambio, es mixta: el auriga lleva las riendas de un caballo bueno y de otro malo. De aquí que nuestra conducción se torne dura y complicada. (Las categorías anímicas y míticas de lo puro y lo mixto reaparecen en los mitos del *Político*, el *Critias* y el *Timeo)*. Es esta la diferencia del ser vivo mortal respecto del divino: toda su alma tiene todo

1 N.L. Cordero, F.J. Oliveri, E. La Croce y C.Eggers Lan (eds.), *Los filósofos presocráticos, vol. II*, Madrid, Gredos, 2014, pp. 121-122.

lo inanimado bajo su custodia, y también vive y circula por todo el cosmos, pero se dan variaciones de acuerdo a sus conformaciones individuales. Si tiene la fuerza del ala intacta, gira en círculos junto con el firmamento, dominando el mundo como un astro. Si pierde su plumaje, se precipita y cae hasta topar con algo estable en donde consigue afirmarse: un cuerpo terrenal; a partir de ese momento este parece moverse a sí mismo gracias a la fuerza del alma; el todo, formado por alma y cuerpo, se llama, ahora, «ser vivo», y tiene la mortalidad como atributo.

Parece estar anunciándose el alma del mundo del *Timeo*, pero su manifestación es diferente: caída y vuelo, planeo y parálisis... Aquel a quien el mito no convence en tanto mito; quien no reconoce, ante todo, que esto *es* el alma, que *es* eso que ondea allá, este podrá hacer con una teoría *sobre* el alma (que podría extraer del mito) lo que quiera.

A continuación, la historia de la caída de las almas desde el cielo hacia la Tierra: la explicación de la añoranza del origen en aquellas que quedaron ligadas a un cuerpo.

El poder natural del ala es levantar lo pesado, llevándolo hacia arriba, hacia donde mora el linaje de los dioses. En cierta manera, de todo lo que tiene que ver con el cuerpo, es lo que más unido se encuentra a lo divino. Y lo divino es bello, sabio, bueno y otras cosas por el estilo. De esto se alimenta y con esto crece, sobre todo, el plumaje del alma; pero con lo torpe y lo malo y todo lo que le es contrario, se consume y acaba. Por cierto que Zeus, el poderoso señor de los cielos, conduciendo su alado carro, marcha en cabeza, ordenándolo todo y de todo ocupándose. Le sigue un tropel de dioses y démones ordenados en once filas. Pues

Hestia [en sentido no mítico: la Tierra] se queda en la morada de los dioses, sola, mientras todos los otros, que han sido colocados en número de doce, como dioses jefes, van al frente de los órdenes a cada uno asignados. Son muchas, por cierto, las miríficas visiones que ofrece la intimidad de las sendas celestes, caminadas por el linaje de los felices dioses, haciendo cada uno lo que tienen que hacer, y seguidos por los que, en cualquier caso, quieran y puedan. Está lejos la envidia de los coros divinos. Y, sin embargo, cuando van a festejarse a sus banquetes, marchan hacia las empinadas cumbres, por lo más alto del arco que sostiene el cielo, donde precisamente los carros de los dioses, con el suave balanceo de sus firmes riendas, avanzan fácilmente, pero a los otros les cuesta trabajo. Porque el caballo entreverado de maldad gravita y tira hacia la tierra, forzando al auriga que no lo haya domesticado con esmero. Allí se encuentra el alma con su dura y fatigosa prueba. Pues las que se llaman inmortales, cuando han alcanzado la cima, saliéndose fuera, se alzan sobre la espalda del cielo, y al alzarse se las lleva el movimiento circular en su órbita, y contemplan lo que está al otro lado del cielo.

A ese lugar supraceleste, no lo ha cantado poeta alguno de los de aquí abajo, ni lo cantará jamás como merece. Pero es algo como esto —ya que se ha de tener el coraje de decir la verdad, y sobre todo cuando es de ella de la que se habla—: porque, incolora, informe, intangible esa esencia cuyo ser es realmente ser, vista solo por el entendimiento, piloto del alma, y alrededor de la que crece el verdadero saber, ocupa, precisamente, tal lugar. Como la mente de lo divino se alimenta de un entender y saber incontaminado, lo mismo que toda alma que tenga empeño en recibir lo que le conviene, viendo, al cabo del tiempo, el ser, se llena de contento, y en la contemplación de la verdad, encuentra su alimento y bienestar, hasta que el movimiento, en su ronda, la vuelva a su sitio. En este giro, tiene ante su vista a la misma justicia, tiene ante su vista a la sensatez, tiene ante su vista a la ciencia, y no aquella a la que le es propio la génesis, ni la que, de algún modo, es otra al ser en otro —en eso otro que nosotros llamamos entes—, sino esa ciencia que es de lo que verdaderamente es ser. Y habiendo visto, de la misma manera, todos los otros seres que de verdad son, y nutrida de ellos, se hunde de nuevo en el interior del ciclo, y vuelve a su casa. Una vez que ha llegado, el auriga detiene los caballos ante el pesebre, les echa, de pienso, ambrosía, y los abreva con néctar.

Tal es, pues, la vida de los dioses. De las otras almas, la que mejor ha seguido al dios y más se le parece, levanta la cabeza del auriga hacia el lugar exterior, siguiendo, en su giro, el movimiento celeste, pero, soliviantada por los caballos, apenas si alcanza a ver los seres. Hay alguna que, a ratos, se alza, a ratos se hunde y, forzada por los caballos, ve unas cosas sí y otras no. Las hay que, deseosas todas de las alturas, siguen adelante, pero no lo consiguen y acaban sumergiéndose en ese movimiento que las arrastra, pateándose y amontonándose, al intentar ser unas más que otras. Confusión, pues, y porfías y supremas fatigas donde, por torpeza de los aurigas, se quedan muchas renqueantes, y a otras muchas se les parten muchas alas. Todas, en fin, después de tantas penas, tienen que irse sin haber podido alcanzar la visión del ser; y, una vez que se han ido, les queda solo la opinión por alimento. El porqué de todo este empeño por divisar dónde está la llanura de la Verdad, se debe a que el pasto adecuado para la mejor parte del alma es el que viene del prado que allí hay, y el que la naturaleza del ala, que hace ligera al alma, de él se nutre. (246d-248c)

El mito de la caída de las almas se envuelve de ahora en más en el antiguo manto órfico de la doctrina de la transmigración de las almas. En períodos de diez mil años las almas llegan al mismo punto de partida para comenzar una vez más su migración por cuerpos de animales y seres humanos. Pero tampoco en el mito expuso Platón una doctrina de la transmigración sin más. No es la transmigración lo esencial, sino la caída y la ascensión; no es la jerarquía de las trayectorias de vida ordenadas de acuerdo a la pureza religiosa, sino su gradación de acuerdo a la fuerza del ala o la tracción de su peso. El juego con el ala trepa a través del mundo órfico y retiene al mito en el espacio impreciso de aquella ironía de la que el entusiasmo no puede prescindir. También el «olvido» platónico (y al mismo tiempo órfico), el «Leteo», es la pérdida del ala. Si el alma ya no consigue seguir el trayecto de los dioses, se inicia el olvido y el mal; si se torna demasiado pesada se precipita, desplumada, hacia la Tierra, y entonces, en su primer nacimiento corporal, será, en función de cuánto de lo celestial haya visto, o bien un amigo de la sabiduría (un filósofo) o de las musas o de Eros, o, en segundo lugar, un legítimo rey, o un guerrero o un estadista, o, en tercer lugar, un político, un economista o un hombre de negocios, o, en cuarto lugar, un gimnasta, un atleta o un médico, o, en quinto lugar, un visionario o un sacerdote de iniciaciones, o, en sexto lugar, un poeta o en cambio un artista imitador, o, en séptimo lugar, un artesano, o, en octavo lugar, un sofista o estafador del pueblo, o, en noveno lugar, un tirano. Alada no va a volver a estar antes de que transcurran diez mil años. Solo los auténticos filósofos y quienes se entregaron con filosofía al eros rompen esta ley del tiempo. Después de cada vida en la Tierra emite su juicio un tribunal: quienes no pasen la prueba irán bajo la tierra; quienes puedan dar cuenta de sí mismos ascenderán ondeando, elevados por Dike, a un sitio determinado del cielo. En las siguientes elecciones y repartos de los seres inanimados el alma de un ser humano va a veces a un cuerpo animal, a veces de vuelta de un cuerpo animal a la vida de un ser humano. Pero jamás entra en el cuerpo de un humano algo que no haya visto una vez la verdad, puesto que la ocupación del humano sigue siendo el conocimiento de la Idea: la «reminiscencia» de aquello que el alma vio en su recorrido con el dios. Realmente «alado» solo está, por ende, el espíritu del filósofo: siempre que puede se halla arriba, con la «reminiscencia»; algo escandaloso para la multitud, que no comprende que él es un iniciado y está lleno de divinidad.

El más allá órfico se había desplegado, ya antes de que Platón escribiera el *Fedro*, en los grandes mitos escatológicos con los que habían terminado el *Fedón* y la *República*. Aquí el mundo órfico pasa de ser un mundo de la muerte a ser un mundo de la vida más elevada: imagen de la espacialidad y la eternidad del entusiasmo. Con ello, al mismo tiempo, lo órfico pasa de estar al final a estar en el centro. Ya no se puede casi hablar de una escatología en sentido propio. El crecimiento de las alas del alma, que pasa a estar repleta de locura divina, es un brote de la misma fuerza originaria que le era propia alguna vez, cuando giraba en el corro de los dioses. El más allá órfico sirve para configurar la categoría originaria en el mito. En comparación con el *Simposio*, el mito devino muchísimo más movido, más rico y más espacial, y, al mismo tiempo, más confuso, abarrotado y diferido; alcanzó, podría decirse, su forma barroca.

Ya se distinguieron tres clases de locura divina: la mántica o apolínea, la catártica o dionisíaca y la poética o de las musas. Ahora, por fin, llega la explicación para la cuarta clase, la locura divina del eros,

que se da cuando alguien contempla la belleza de este mundo, y, recordando la verdadera, le salen alas y, así alado, le entran deseos de alzar el vuelo, y no lográndolo, mira hacia arriba como si fuera un pájaro, olvidado de las de aquí abajo, y dando ocasión a que se le tenga por loco. Así que, de todas las formas de «entusiasmo», es esta la mejor de las mejores, tanto para el que la tiene, como para el que con ella se comunica: y al partícipe de esta manía, al amante de los bellos, se le llama enamorado. [...] Aquel cuya iniciación es todavía reciente, el que contempló mucho de las de entonces, cuando ve un rostro de forma divina, o entrevé, en el cuerpo, una idea que imita bien a la belleza, se estremece primero, y le sobreviene algo de los temores de antaño y, después, lo venera, al mirarlo, como a un dios, y si no tuviera miedo de parecer muy enloquecido, ofrecería a su amado sacrificios como si fuera la imagen de un dios. Y es que, en habiéndolo visto, le toma, después del escalofrío, como un trastorno que le provoca sudores y un inusitado ardor. Recibiendo, pues, este chorreo de belleza por los ojos, se calienta con un calor que empapa, por así decirlo, la naturaleza del ala, y, al caldearse, se ablandan las semillas de la germinación que, cerradas por la aridez, les impedía florecer; y, además, si el alimento afluye, se esponja el tallo del ala y echa a nacer desde la raíz, por dentro de la sustancia misma del alma, que antes, por cierto, estuvo toda alada. (249d-251b)

Las imágenes se amontonan y caen en oleadas unas sobre otras como en ninguna otra ocasión. Se ha creído advertir contradicciones a propósito de las cuales se suponía que se explicaban a partir de la repetición de imágenes ya formadas. Y así se ha encontrado prefigurada la imagen del auriga (el *lógos*) y la de los caballos del alma (el deseo y el valor) en la *República*, y alguna otra en algún otro lado, pero también aquí se trata más bien del desarrollo del estilo mítico que de un préstamo de motivos. Es ese mismo estilo el que, ya en cada oración, ensambla las imágenes, y, en el conjunto, produce este centelleante deslizamiento, este giro y esta propulsión hacia arriba: del carro del alma a la ronda divina; de la ronda divina a la metempsicosis; de la caída de las almas al crecimiento de las alas; del crecimiento de las alas de nuevo al carro del alma... Por último, la forma del movimiento de la locura divina acaba siendo este deslizarse, flotar, caer, alzarse y dirigirse hacia arriba. No es el mito el que enseña la locura, sino la locura la que enseña el mito.

EL *FEDÓN*

También el mito del *Fedón* es una espacialización del movimiento anímico. Lo que distingue a los mitos entre sí es lo mismo que distingue a todo el *Fedón* de todo el *Fedro*. También en el *Fedón* el *lógos* y el *mŷthos*, en tanto potencias expresivas polares, son una unidad en tensión. Los mitos, por cierto, hunden sus raíces en una misma alma, pero el alma de Platón, si bien sigue siendo la misma, experimenta su divinidad, sin embargo, en formas originarias divergentes (que son las formas originarias de la experiencia griega en general): el desborde y la purificación. Lo que hay en ella de suprasensible se libera de sus ataduras tanto en la muerte consagrada como en la «locura divina». El *Simposio*, el *Fedro* y el *Fedón* forman un grupo también por causa de esta contraposición.

También en el *Fedón* el mito crece a partir del diálogo, así como como el diálogo, a su vez, solo crece porque enraíza en el mito. Es un término y un concepto familiar a los ritos apolíneos y las iniciaciones órficas por sobre cualquier otro desde tiempos remotos el que, purificado y elevado en lo anímico (que es lo platónico), como en general todo el antiguo más allá, nos explica en el *Fedón* de qué modo se encuentran el pensamiento con la prueba intuida y certera y el camino del alma con el camino del *lógos*: *kátharsis*. La filosofía es «limpieza» del alma, purificación, descorporización, disolución de todas las imperfecciones, de todos los deseos dolorosos; es cercanía de la muerte, anhelo de la muerte.

No debe confundirse la creencia platónica en el más allá con la cristiana. La cristiana, dejando de lado sus formas más bajas, es una expresión, trasladada al espacio y el tiempo, al mundo y la eternidad, del sentimiento de la misericordia y la condena, de la cercanía de Dios y la lejanía de Dios. La creencia platónica en el más allá, tanto en la argumentación como en el mito, permite generarle espacio y darle forma a una conciencia de otro tipo: generar espacio para los movimientos y los anhelos del alma hacia fuera de la imperfección, de la inhibición, de aquel eterno casi, de ese

más-o-menos y ese pero-no-del-todo en el que la existencia
en la Tierra está atrapada y atrapada permanece, como en un
aire demasiado espeso que les arrebata a las cosas el color y
al ojo la visión nítida. La muerte es una catarsis. La despreo-
cupación y la claridad meridiana que había tenido Sócrates
en la hora de su muerte se mezcla y se colorea, como en un
cielo del atardecer, con la profunda claridad tardía del misterio platónico de la muerte. Desde una emotividad propia,
desde la propia alma de Platón, canta y habla, como con
un último fulgor, como un cisne —ave sagrada de Apolo—
en agonía, el alma movilizada y bendecida por el aliento de
lo heroico, por el vago resplandor de un mundo diferente,
conservando siempre la simplicidad del maestro. Una persuasión y un deseo de victoria amables, que proceden con
demostraciones y silogismos pero más con el poder del espíritu mismo próximo a la muerte: este es el movimiento
silencioso y apremiante, el fluir anímico de la conversación;
no la extrañeza ante la muerte, no un miedo y su superación,
sino el presentimiento de un devenir más ligero, un anhelo
de catarsis. La palabra del maestro, a menudo sorprendente
en otras ocasiones, se torna aquí enigmática:

> Explícale, pues, esto a Eveno [uno que se cree poeta y filó-
> sofo y sin embargo no percibe el canto por mandato divi-
> no, al alma que se despide cantando], y que le vaya bien, y
> dile que, si es sensato, me siga lo antes posible. [...] ¿No es
> filósofo Eveno? (*Fedón*, 61b-c)

Un acertijo pone en marcha la conversación.

El movimiento de la conversación y sus «discursos» se
dirige, sobre el final, hacia el mito. Lo que eran el movi-

miento, el fluir y el ritmo en el alma se espacializa ahora en una imagen del mundo. Y, así como todo es recogido e integrado en un único movimiento del alma que atraviesa el conjunto del diálogo, también todo se vuelve, en el mito, expresión de esta alma. Por consiguiente, el movimiento hacia el ideal ya no es —tampoco en el mito— un aleteo, un elevarse ondeando, el éxtasis del brillo y el encandilamiento —como ocurría en el *Fedro*—, sino liberación, purificación, abandono de lo pesado, de lo inhibidor, de lo demasiado denso y demasiado espeso de esta atmósfera: catarsis. El mito da forma cósmica a la catarsis. Y lo lúdico, lo indirecto, lo fabuloso, lo censurador de lo serio, lo oscilante y lo antipatético propio de los mitos de Platón, que no abandona al narrador Sócrates ni siquiera cara a cara con la muerte, se transforma aquí en aquella ligereza de la que habla el mito, la que aparece al dejar atrás la pesadez.

Y son muchas y maravillosas las regiones de la tierra, y ella no es, ni en aspecto ni en tamaño, como opinan los que están habituados a hablar de las cosas bajo tierra, según yo me he dejado convencer por alguien. [...] Yo no sería probablemente capaz de hacerlo [demostrar la verdad], y además, incluso si lo supiera, me parece que esta vida no bastaría [...]. Con todo, de cómo estoy convencido que es la forma de la tierra, y las regiones de esta, nada me impide decírtelo. [...] Estoy convencido yo, lo primero, de que, si está en medio del cielo siendo esférica, para nada necesita del aire ni de ningún soporte semejante para no caer, sino que es suficiente para sostenerla la homogeneidad del cielo en sí idéntica en todas direcciones y el equilibrio de la tierra misma. [...] En primer lugar, estoy convencido de esto. [...]

Luego, además, de que es algo inmenso, y de que nosotros, los que estamos entre las columnas de Heracles y el Fasis, habitamos en una pequeña porción, viviendo en torno al mar como hormigas o ranas en torno a una charca, y en otras partes otros muchos habitan en muchas regiones semejantes. Pues hay por doquier a lo largo y ancho de la tierra numerosas cavidades, y diversas tanto en formas como en tamaños, en las que han confluido el agua, la niebla y el aire. En cuanto a la tierra misma, yace en el puro cielo, en el que están los astros y lo que denominan «éter» la mayoría de los habituados a hablar de estos temas. Son un sedimento de este esas cosas que confluyen constantemente hacia las cavidades de la tierra, y nos creemos que vivimos sobre la superficie de la misma, como si uno que viviera en lo hondo del mar creyera que habitaba sobre el mar, y al ver a través del agua el sol y los demás astros pensara que el mar era el cielo, y a causa de su pesadez y debilidad jamás conseguiría llegar a la superficie del mar ni tampoco podría contemplar, sacando la cabeza y emergiendo de las aguas hacia esta región de aquí, cuánto más pura y más hermosa es que el lugar que habita, ni tampoco pudiera oírlo de otro que lo hubiera visto. Pues eso mismo nos está ocurriendo también a nosotros. Porque viviendo en alguna concavidad de la tierra creemos vivir encima de esta, y llamamos cielo al aire, como si este fuera el cielo y los astros se movieran en él. Y este es el mismo caso: por debilidad y pesadez no somos capaces nosotros de avanzar hasta el confín del aire. Porque si alguien llegara a lo más alto de este o volviéndose alado remontara a su límite, vería al sacar la cabeza, al modo como los peces sacando la cabeza de las aguas ven las cosas de acá, así este vería las cosas de allá, y en caso de que su naturaleza fuera capaz de resistir la contemplación, conocería que aquel es el cielo de verdad y la verdadera luz y la tierra en sentido propio. Pues esta tierra, y las piedras, y todo el terreno de aquí, están corrompidos y corroídos, como las cosas del mar a causa de la salinidad, y allí no se produce en el mar nada digno de consideración ni, por decirlo en una palabra, nada perfecto, sino que hay solo grutas, arena, un barrizal incalculable y zonas pantanosas, donde se mezcla con la tierra, y no hay nada valioso, en general, para compararlo con las bellezas existentes entre nosotros. A su vez, las cosas esas de arriba puede ser que aventajen aún mucho más a las que hay en nuestro ámbito. Pues si está bien contar un mito ahora, vale la pena escuchar cómo son las cosas en esta tierra bajo el cielo. […] Se cuenta que esa tierra en su aspecto visible, si uno la contempla desde lo alto, es como las pelotas de doce franjas de cuero, variopinta, decorada por los colores, de los que los colores que hay aquí, esos que usan los pintores, son como muestras. Allí toda la tierra está formada con ellos, que además son mucho más brillantes y más puros que los de aquí. Una parte es purpúrea y de una belleza admirable, otra de aspecto dorado, y otra toda blanca, y más blanca que el yeso o la nieve; y del mismo modo está adornada también con otros colores, más numerosos y más bellos que todos los que nosotros hemos visto. Porque también sus propias cavidades, que están colmadas de agua y de aire, le proporcionan cierta belleza de colorido, al resplandecer entre la variedad de los demás colores, de modo que proyectan la imagen de un tono continuo e irisado. Y en ella, por ser tal como es, las plantas crecen proporcionadamente: árboles, flores y frutos. Y, a la par, los montes presentan sus rocas también con igual proporción, más bellas que las de aquí por su lisura, su transparencia y sus colores. Justamente partículas de esas son las piedrecillas estas tan apreciadas: cornalinas, jaspes, esmeraldas, y todas las semejantes. Pero allí no hay nada que no sea de tal clase y aún más hermoso. La causa de esto es que allí las piedras son puras y no están corroídas ni estropeadas como las de acá por la podredumbre y la salinidad de los elementos que aquí han confluido, que causan tanto a las piedras como a la tierra y a los animales y plantas afeamientos y enfermedades. [...] Contemplarla es un espectáculo propio de felices espectadores. En ella hay muchos seres vivos, y entre ellos seres humanos, que viven los unos en el interior de la tierra, y otros en torno al aire como nosotros en torno al mar, y otros habitan en islas bañadas por el aire a corta distancia de la tierra firme. En una palabra, lo que para nosotros es el agua y el mar para nuestra utilidad, eso es allí el aire, y lo que para nosotros es el aire, para ellos lo es el éter. Sus estaciones mantienen una temperatura tal que ellos desconocen las enfermedades y viven mucho más tiempo que la gente de acá, y en vista, oído, inteligencia y todas las demás facultades nos aventajan en la misma proporción que se distancia el aire del agua y el éter del aire respecto a ligereza y pureza. Por cierto que también tienen ellos bosques consagrados a los dioses y templos, en los que los dioses están de verdad, y tienen profecías, oráculos, apariciones de los dioses, y tratos personales y recíprocos. En cuanto al sol, la luna y las estrellas, ellos los ven como son realmente, y el resto de su felicidad está acorde con estos rasgos. (108c-111c)

Pero tal como se ensancha la Tierra hacia arriba en torno a un supramundo insospechado y luminoso, así también se abre hacia abajo, en su interior, un reino no menos insospechado. Los ríos míticos del inframundo, las clases de penitentes y los sitios de castigo se vinculan con un sistema físico de corrientes, mares y venas circulares de agua, barro y fuego supra e infraterrenales. Los jueces, los muertos, las almas en pena parecen desaparecer detrás de esta colosal configuración espacial: pues es el espacio mismo el que encarna la expresión del destino del más allá. ¿Por qué tanta atención a la morada? ¿Por qué la narración sobre los que están expiando es, en la *República*, tanto más detallada? Porque allí el mito espacializa a la justicia y en el *Fedón* a la catarsis; porque no solo por el tema sino también por el origen en el alma, por la forma en que esta se mueve y es impactada, la *República* es diferente del *Fedón*. Así como el cosmos se divide entre un arriba y un abajo, entre algo puro, luminoso y sublime y algo apagado, subterráneo, que fluye cansino en medio de brasas tenebrosas y corre sin pausa atravesando la noche y espacios colosales: así lo hace también el ser humano, en tanto alma atada a un cuerpo. El alma purificada respira libre el éter puro; la no purificada es atormentada en los circuitos lúgubres de las aguas subterráneas: sin el estremecimiento de la profundidad no existe la dicha de la altura. Los poderes del alma se abren paso desde el interior y crean el cosmos, como una viva imagen de sí, en el mito.

Anegado entre tinieblas, debajo de nosotros, el inframundo; luminoso, el mundo sobre nosotros; y este mundo: ¡el mundo enfermo! «Critón, le debemos un gallo a Asclepio» (118a). Es el acertijo de alguien que ya está curado —prueba de que se trata de un acertijo es, precisamente, que Critón no lo entiende—; aparece al final del *Fedón* en la misma posición en la que aparecía en el final del *Simposio* esa otra frase, no menos enigmática —y no menos incomprendida por el narrador—, acerca del cómico y el trágico reunidos en una sola persona. «Estas fueron sus últimas palabras». No serían las últimas «últimas palabras» que no habrían sido pronunciadas. Nietzsche, que creía en su veracidad, ha intentado resolver a partir de ellas el problema de Sócrates. ¿Lo logró? Quedó, seguramente, enredado en un mito.[2]

LA *REPÚBLICA*

Las visiones del mundo son distintas, pero la diferencia no reside en el cambio de las fuentes ni en la evolución de los conocimientos teóricos, sino en la diferencia existente entre las fuerzas cuya forma exhiben. Como último poder de la trinidad creadora de mitos que gobierna la obra de madurez aparece, junto a Thánatos y a Eros, Dike; ella también crea su visión del mundo en el mito de la *República*.

Si seguimos el recorrido de la conversación en la *República*, en primer lugar la investigación sobre la justicia conduce hacia la fundación de la polis ideal. Lo que no se consiguió descifrar en el alma se descifra en el Estado; lo que estaba oculto en el círculo más estrecho se muestra en el más ancho. No puede hallarse justicia en el plano individual, a no ser que se halle al mismo tiempo en el Estado; pero tampoco en el Estado puede ser hallada, a no ser que se halle también en el alma. A las tres partes del alma —la razón, el valor y el deseo— les corresponden en el Estado las tres clases que

2 Cf. «El problema de Sócrates» en *El crepúsculo de los ídolos* de Friedrich Nietzsche. *(N. del T.)*

lo conforman, rigurosamente divididas y al mismo tiempo orgánicamente entrelazadas: los gobernantes, los guardianes y los trabajadores. A la justicia se la identifica, en este nivel, con el vínculo ordenador, configurador y armónico entre ellos. Pero esta equiparación al mismo tiempo tiene, además de su sentido inmediato, constructivo, un significado simbólico y por consiguiente mítico. No se analiza al Estado, no se lo investiga: se lo *crea*, como se crea al cosmos en el *Timeo*. Y lo que es creación no surge del alma sin más, sino que se forma también como un alma que se configura ella misma en lo creado. Tal como el cosmos en general solo deviene comprensible y discernible en la medida en que el alma misma, en tanto alma del mundo, lo atraviesa creándolo, así también el Estado recién se vuelve realidad en el espíritu al volverse él mismo alma, es decir, en la medida en que el alma misma lo atraviesa animándolo de nuevo, y las potencias del alma, a su vez, se tornan un reflejo del Estado. La equiparación entre Estado y alma llega mucho más lejos que la primera construcción: toda la obra educativa, la doctrina de la transformación de las Constituciones, por ejemplo, se funda sobre ella. Solo el alma liga al Estado con la Idea. La justicia, el Estado, el alma y la Idea son las cuatro formas que salen alternadamente del todo único para volver a reunirse en lo Uno. No cambia nada si trazo el círculo hacia la izquierda o hacia la derecha: la justicia lleva hacia el Estado, el Estado lleva hacia el alma, el alma hacia la Idea; o en diagonal: la justicia lleva hacia el alma, el alma hacia arriba, hacia la Idea, y la Idea conduce hacia el Estado. Y una vez más brota el *mŷthos* de la obra completa; en tanto cierre del conjunto, es como el huso de la Necesidad en el que gira la unidad de estos cuatro en círculos concéntricos.

El comienzo del libro segundo y el final del décimo —la formidable objeción en contra de la existencia de una justicia dominante y la victoria formidable sobre esta objeción— constituyen las argumentaciones liminares del conjunto. Con fuerza cada vez mayor, a partir del inicio del cierre (608b ss.), se insiste en dirección al establecimiento de la justicia en el espacio y en la eternidad. La victoria de Dike y sus premios y castigos nos arrancan de este más acá en dirección hacia el más allá. El alma es eterna y la injusticia es, por toda la eternidad, un daño al alma. La justicia fluye desde la eternidad del alma de vuelta hacia el mundo de más acá; el himno se eleva hasta el punto en que la solemnidad de lo serio se convierte en el juego del mito para, por medio de este juego y de esta autosupresión, desplegar, recién, el *gloria Patri* completo.

La irónica credibilidad del mito escoge para sí, esta vez, el género popular del relato maravilloso escatológico, con una precisa indicación del nombre, el origen, las circunstancias en que estaba envuelto el testigo y el lugar y el momento de su viaje:

> No es precisamente un relato de Alcínoo lo que te voy a contar, sino el relato de un bravo varón, Er el armenio, de la tribu panfilia. Habiendo muerto en la guerra, cuando al décimo día fueron recogidos los cadáveres putrefactos, él fue hallado en buen estado; introducido en su casa para enterrarlo, yacía sobre la pira cuando volvió a la vida y, resucitado, contó lo que había visto allá. Dijo que, cuando su alma había dejado el cuerpo, se puso en camino junto con muchas otras almas, y llegaron a un lugar maravilloso [«demónico»], donde había en la tierra dos aberturas, una

frente a la otra, y arriba, en el cielo, otras dos opuestas a las primeras. Entre ellas había jueces sentados que, una vez pronunciada su sentencia, ordenaban a los justos que caminaran a la derecha y hacia arriba, colgándoles por delante letreros indicativos de cómo habían sido juzgados, y a los injustos los hacían marchar a la izquierda y hacia abajo, portando por atrás letreros indicativos de lo que habían hecho. Al aproximarse Er, le dijeron que debía convertirse en mensajero de las cosas de allá para los hombres, y le recomendaron que escuchara y contemplara cuanto sucedía en ese lugar. Miró entonces cómo las almas, una vez juzgadas, pasaban por una de las aberturas del cielo y de la tierra, mientras por una de las otras dos subían desde abajo de la tierra almas repletas de suciedad y de polvo, en tanto por la restante descendían desde el cielo otras, limpias. Y las que llegaban parecían volver de un largo viaje; marchaban gozosas a acampar en el prado, como en un festival, y se saludaban entre sí cuantas se conocían, y las que venían de la tierra inquirían a las otras sobre lo que pasaba en el cielo, y las que procedían del cielo sobre lo que sucedía en la tierra; y hacían sus relatos unas a o tras, unas con lamentos y quejidos, recordando cuantas cosas habían padecido y visto en su marcha bajo tierra —que duraba mil años—, mientras las procedentes del cielo narraban sus goces y espectáculos de inconmensurable belleza. [...] Había estado junto a alguien que preguntaba a otro dónde estaba Ardieo el Grande. [...] El hombre interrogado respondió: «No ha venido ni es probable que venga». Ahora bien, este Ardieo había llegado a ser tirano en algún Estado de Panfilia. [...] «En efecto [continuó], entre otros espectáculos terribles hemos contemplado este: cuando estábamos cerca de la abertura e íbamos a ascender, tras padecer todas estas cosas, de pronto divisamos a Ardieo y con él a otros que en su mayor parte habían sido tiranos; también había algunos que habían sido simples particulares que habían cometido grandes crímenes. Cuando pensaban que subirían, la abertura no se lo permitía, sino que mugía cuando intentaba ascender alguno de estos sujetos incurablemente adheridos al mal o que no habían pagado debidamente su falta. Allí había unos hombres salvajes y de aspecto ígneo —contó— que estaban alerta, y que, al oír el mugido, se apoderaron de unos y los llevaron; en cuanto a Ardieo y a los demás, les encadenaron los pies, las manos y la cabeza, los derribaron y, apaleándolos violentamente, los arrastraron al costado del camino y los desgarraron sobre espinas, explicando a los que pasaban la causa por la que les hacían eso, y que los llevaban para arrojarlos al Tártaro». Allí —dijo Er—, de los muchos y variados temores que habían experimentado, este excedía a los demás: el de que cada uno oiría el mugido cuando ascendiera, y si este callaba subían regocijados. (614b-616a)

El juicio de los muertos parece similar al del *Gorgias*; pero todo devino más espacial, más gráfico, más determinado, pero también, a pesar de eso, más extraño y más incomprensible. También lo popular —«panfílico»— aporta a la incomprensibilidad. Y de nuevo se vincula lo popular —«órfico»— con elementos de una cosmología científica. Porque el viaje sigue: lo que fue conocido hasta ahora no permitió todavía conocer, en cambio, la ley reinante. El escenario ha de tornarse monumental: ahora se trata del cosmos —pero el cosmos contenido por un lazo de luz—, sobrepasado por un eje; las esferas planetarias se integran en un huso y su giro se torna el acontecer circular de las Moiras:

> Después de que pasaban siete días en el prado, al octavo se les requería que se levantaran y se pusieran en marcha. Cuatro días después llegaron a un lugar desde donde podía divisarse, extendida desde lo alto a través del cielo íntegro y de la tierra, una luz recta como una columna, muy similar al arco iris pero más brillante y más pura [mencionemos el sustrato no mítico: se trata evidentemente de la Vía Láctea], hasta la cual arribaron después de hacer un día de caminata; y en el centro de la luz vieron los extremos de las cadenas, extendidos desde el cielo; pues la luz era el cinturón del cielo, algo así como las sogas de las trirremes, y de este modo sujetaba la bóveda en rotación. Desde los extremos se extendía el huso de la Necesidad, a través del cual giraban las esferas; su vara y su gancho eran de adamanto, en tanto que su tortera era de una aleación de adamanto y otras clases de metales. (616b-c)

Sigue la descripción de cómo en este cinturón, es decir, dentro de la esfera de las estrellas fijas, giran en círculo, ordenados concéntricamente, siete cinturones o anillos más pequeños, las esferas planetarias. Todo esto nos resulta casi demasiado preciso. Nosotros esperamos del visionario una iluminación desordenada, un ondear nebuloso y agolpamientos caóticos; pero el griego espera lo contrario: su visión es espacial, precisa y concreta. En otra ocasión se ha hablado, sin vacilar, de una cierta pedantería. Sin embargo, la descripción del inmenso dintel que en Parménides separaba los dos mundos del saber ya está demasiado vinculada en cuanto a su materialidad con esta descripción del huso del mundo y de su estructura esférica como para que tampoco hubiera que aceptar, en el visionario, una diferencia general en el plano de la forma.

En cuanto al huso mismo, giraba sobre las rodillas de la Necesidad; en lo alto de cada uno de los círculos estaba una sirena que giraba junto con el círculo y emitía un solo sonido de un solo tono, de manera que todas las voces, que eran ocho, concordaban en una armonía única. Y había tres mujeres sentadas en círculo a intervalos iguales, cada una en su trono; eran las Parcas, hijas de la Necesidad, vestidas de blanco y con guirnaldas en la cabeza, a saber, Láquesis, Cloto y Atropo, y cantaban en armonía con las sirenas: Láquesis las cosas pasadas, Cloto las presentes y Atropo las futuras. Tocando el huso con la mano derecha, en forma intermitente, Cloto ayudaba a que girara la circunferencia exterior; del mismo modo Atropo, con la mano izquierda, la interior; en cuanto a Láquesis, tocaba alternadamente con una u otra mano y ayudaba a girar alternadamente el círculo exterior y los interiores. Una vez que los hombres llegaban debían marchar inmediatamente hasta Láquesis. Un profeta primeramente los colocaba en fila, después tomaba lotes y modelos de vida que había sobre las rodillas de Láquesis, y tras subir a una alta tribuna, dijo: «Palabra de la virgen Láquesis, hija de la Necesidad; almas efímeras, este es el comienzo, para vuestro género mortal, de otro ciclo anudado a la muerte. No os escogerá un demon, sino que vosotros escogeréis un demon. Que el que resulte por sorteo el primero elija un modo de vida, al cual quedará necesariamente asociado. En cuanto a la excelencia, no tiene dueño, sino que cada uno tendrá mayor o menor parte de ella según la honre o la desprecie; la responsabilidad es del que elige, Dios está exento de culpa». (617b-e)

También en el mito del *Fedro* hay, como en este, una revolución cósmica. Pero allí la revolución de los astros era ímpetu, vuelo, dicha, mientras que en la *República* es necesidad, huso adamantino, consonancia eterna, ineludibilidad: justicia. El sentido del huso del mundo se manifiesta en un discurso profético, e inversamente este huso del mundo resulta la figura, en el plano cósmico, para el discurso profético. Los ciclos de las almas ondean en torno al mismo eje que los ciclos del cielo.

Y tal como en el reino de la muerte un inframundo y un mundo por encima del nuestro se oponen el uno al otro también en el reino de Dike se da esta misma división. También aquí esta oposición entre escenarios: allí el juicio, aquí la elección; allí las aberturas mugientes, aquí la cinta de luz; allí Ardieo y los espíritus vengadores, aquí Láquesis y el profeta. Por sobre la justicia que castiga, retribuye el daño producido y niega se eleva la que incluye, la que moviliza. De este modo la pregunta por la esencia de la justicia llevaba al Estado y del Estado al alma. De esta justicia inclusiva surgió la justicia de lo individual: la orden para cada uno de hacer lo suyo. Retribuir el daño y reunirse, separar y vincular, expiación y asociación: esta es la duplicidad cuya unidad es Dike. Y así también las Erinias son al mismo tiempo algo que castiga y bendice, que aniquila y unifica. En tanto tales les dio Atenea su culto en su ciudad: en tanto hermanas de las Moiras (Esquilo, *Euménides*, 960). Y esta justicia, una vez que vuelve a ser recibida en el alma, conduce a la armonía entre fortuna y elección, entre destino y libertad.

Lo que el *lógos* enseñaba el *mŷthos* lo revela; no como si fuera un símil, un reflejo, una alegoría del *lógos*, sino porque existe una fuente originaria de la que manan ambos. La circularidad que reposa sobre sí misma —en el movimiento que permite que el alma, el Estado y Dike ondeen uno dentro del otro concéntricamente— es quien tiene el control sobre el huso del mundo en el mito cuya creadora es Dike (tal como Thánatos y Eros eran los creadores de los mitos del *Fedón* y el *Fedro*).

Mitos del período de vejez

El Político

El *Político* es una obra de tránsito: entre el período de madurez y la producción tardía del período de vejez; al igual que el diálogo en general, también lo es su mito. Una vez más, el juego de preguntas de la dialéctica es interrumpido por la mitad y el mito que lo interrumpe también es, otra vez, un juego surgido del capricho, la delicadeza y la alegría; aún no es, como en la obra de la vejez tardía, una «fábula sagrada», sino que se trata de cuentos como los «cuentos que escuchan con atención los niños».

Una vez más el mito trae una inversión de lo establecido que, en cuanto al sentido, puede compararse sobre todo con el del *Fedón*. Así como allí la Tierra aparentemente libre elevada sobre el mar —la Tierra sobre la que creíamos vivir— se revelaba no como su auténtica superficie sino como una oscura y turbia profundidad; así como la auténtica Tierra recién comenzaba a una altura que ni soñábamos; así como se desplazaban allí el arriba y el abajo, aquí se desplazará la sucesión en el tiempo. Así como allí lo terrenal del espacio en su aparente perfección se hundía en la imperfección al ser comparado con la pureza de otra altura, así se eleva aquí, contra lo presente del tiempo, otro transcurso más perfecto del mundo. También el tiempo en que vivimos, en cierto sentido, es como un abajo respecto de un arriba. Aquella época del mundo, invertida, mejor, que alterna con este único curso de cosas que nosotros conocemos, es el tiempo en el que el dios mismo dirige el cosmos. No corresponde a lo eternamente inmutable estar haciendo girar el mundo y el tiempo ya en una dirección, ya en otra, para allí y para aquí. Ni en verdad corresponde al cosmos que el dios mismo lo haga girar eternamente. Ni hay dos dioses, de los cuales a veces gobierna uno, a veces el otro, a veces en este sentido, a veces en el sentido contrario. Así, pues, solo resta o bien que el cosmos, al ser guiado por el dios, incorpore la inmortalidad y la vida, o bien que, sin guía, abandonado a su suerte, gire como pueda. Todo lo cual seguramente suene maravilloso, pero nuestros antecesores son heraldos de ello: testimonios antiquísimos tienen registro del mayor de todos los cambios; el recuerdo del cambio de los tiempos está vivo en la historia del portento acaecido en favor de Atreo, cuando el Sol comenzó a salir por el Este en lugar de por el Oeste. Lo que se cuenta de un orden invertido durante el reinado de Cronos también apunta en dirección a aquella época del mundo…

Una vez más, la interpretación lúdica del mito repite el juego irónicamente fabuloso de las obras más tempranas. Que el contenido se haya tornado tanto más difícil y el juego en torno a él tanto más sencillo (cómo es que no existe tal facilidad sin dificultad) tiene su fundamento en la esencia de su evolución: el viejo Platón, en comparación con el joven, es mucho más profundo, desatado, misterioso y rico tanto en la superficie exterior como en lo que permanece oculto.

De todos modos, también es un vestigio semejante de una tradición antigua la leyenda del nacimiento de los primeros seres humanos en la tierra. Antaño, cuando todo seguía un curso invertido, los humanos también surgían de la tierra, así como ahora terminan bajo tierra. Comenzaban con la vejez, sus cabellos blancos se iban tornando negros y se volvían suaves sus ásperas mejillas. Los cuerpos iban floreciendo, cada día eran más tersos, más tiernos, más infantiles y luego más pequeños hasta disolverse en una nada. Pero también la vida misma, tan llena de fatigas en este curso actual de las cosas, estaba, en el curso aquel, repleta de liviandad. El dios mismo hacía girar el tiempo y algunas divinidades inferiores, como fieles pastores, mantenían a todos los seres bajo su cuidado. Entonces cada cual se bastaba a sí mismo. No se devoraban los unos a los otros. No se conocía ni la guerra ni la discordia; reinaba el dios, soberano respecto de los seres humanos, al igual que el ser humano reina en este mundo por sobre las otras criaturas. El aire era templado, el ser humano vivía desnudo, hacía del pasto su morada, la alimentación brotaba sin su intervención, no hacía falta ni un Estado, ni una esposa, ni un hijo. Sin memoria, la vida crecía siempre renovada de la tierra. ¿No era aquella existencia bajo el dominio de Cronos más feliz que esta bajo el dominio de Zeus? Con que solo no descuidasen los hijos de Cronos pasar su abundante tiempo libre en filosofar, ni descuidasen no solo interrogarse mutuamente ellos mismos sino también interrogar a las demás criaturas, la respuesta a esta pregunta sería evidente. Pero, por el otro lado, si no tenían nada más inteligente que hacer que contarse fábulas los unos a los otros —como hacemos nosotros ahora acerca de ellos— la respuesta también será, una vez más, evidente.

Sigue el nacimiento doloroso, caótico, del tiempo imperfecto, abandonado a su suerte. La forma de tomar impulso desde el principio originario, el estilo de la historia etiológica para la explicación de lo que causa que no exista en este mudo nada más, vincula otra vez al mito del *Político* con el mito del sofista en el *Protágoras*. También comparten uno y otro la intervención divina y el temor de Dios. Pero Platón allí se tomaba de lo extraño, de lo otro, lo variopinto, lo negativo; en la discusión, en el *agón*, la ironía acometía a lo contrario, su comportamiento era polémico —en qué medida se acometía con ello también a sí misma es otra cuestión. Aquí, en cambio, todo es propio de Platón. Hasta donde llega el alma de Platón llega el dominio de Platón. Y la ironía se parece a un sobrevolar por encima de sí mismo.

Una vez, pues, que el tiempo de todas estas condiciones tocó a su fin, que debía producirse un cambio y que había desaparecido ya por completo esa raza nacida de la tierra, porque cada alma había pagado todos los nacimientos, cayendo, cual semilla en la tierra, todas las veces que a cada una le habían sido asignadas, precisamente en ese momento el piloto del universo, abandonando, por así decirlo, la caña del timón, se retiró a su puesto de observación e hicieron dar marcha atrás al curso del mundo el destino y su inclinación natural. En ese momento, todos los dioses que, cada uno en su región, asistían en su gobierno a la máxima divinidad, al advertir lo que estaba sucediendo, abandonaron, a su vez, las partes del mundo a las que dispensaban sus cuidados personales. Y este, en su rotar hacia atrás, al sufrir el choque de los impulsos contrarios del movimiento que comenzaba y del que acababa, produjo en sí una gran sacudida, cuya consecuencia fue, otra vez, una nueva destrucción de todas las criaturas vivientes. Más tarde, cuando hubo transcurrido suficiente tiempo y el mundo estaba ya haciendo cesar el estrépito y el tumulto y calmando las sacudidas, recuperando su equilibrio retornó a su movimiento propio y habitual, ejerciendo sus cuidados y su autoridad sobre lo que él encierra, así como sobre sí mismo, porque recordaba, en la medida de sus fuerzas, las enseñanzas de su artífice y padre. Al principio, claro está, lo ponía en práctica con mayor precisión, pero acabó por hacerlo de una forma más confusa; causa de esto es el elemento corpóreo de su constitución, ligado íntimamente a su antigua y primitiva naturaleza, porque era partícipe de un enorme desorden antes de haber llegado a su orden actual. En efecto, de quien lo compuso el mundo ha recibido todo cuanto tiene de bello; de su condición anterior, en cambio, cuanto ocurre de defectuoso e injusto en el cielo, ello le viene de aquella y lo reproduce en los seres vivos. Así pues, cuando criaba, con la asistencia del piloto, a las criaturas vivientes que en él encerraba, pocos eran los males que en ellos producía y enormes, en cambio, los bienes. Pero cuando de él se separa, en el tiempo que sigue inmediatamente a este abandono, continúa llevando todo del mejor modo posible y a medida que transcurre el tiempo y lo invade el olvido más se adueña de él su condición de antiguo desorden, y luego, cuando el tiempo toca a su fin, el desorden hace eclosión y pocos son los bienes y mucha, en cambio, la mezcla de opuestos que él incorpora; corre entonces el peligro de su propia destrucción y de lo que en él contiene. Es, precisamente, por eso por lo que en tal circunstancia el dios que lo organizó, al ver que se halla en dificultades, tratando de evitar que, azotado por la tempestad y el desorden, no acabe por hundirse en la región infinita de la desemejanza, volviendo a sentarse al timón, después de cambiar lo que se había vuelto enfermo y disoluto en el período anterior, cuando andaba por sí solo, lo pone en orden y, enderezándolo, lo vuelve inmortal y exento de vejez. (*Político*, 272d-273e)

El mito del *Político* parece un juego que se anula a sí mismo. Y aun así anula al otro juego, al juego de la dialéctica, en la medida en que en su juego se puede divisar la realidad más elevada, lo arquetípico divino de un imperio más elevado en una humanidad cósmica aún no ligada socialmente, inaccesible a la dialéctica.

¡Qué difícil es, queridísimo amigo, poder presentar de modo suficiente, sin recurrir a modelos, cualquier cosa importante! Pues podría parecer que cada uno de nosotros todo lo sabe como en sueños, pero, cuando está despierto, en cambio, todo lo ignora. (277d)

No es este el lugar para rastrear los «motivos», en particular aquellos que yacen más allá de Platón. El ciclo era propuesto por los milesios, e igualmente la «inmortalidad» y la «juventud eterna»; la alternancia de períodos del mundo, sobre todo por Empédocles, e igualmente la inversión y el predominio de poderes contrapuestos que se afectan unos a otros; el paraíso perdido recuerda a descripciones del estado originario... Pero los contrastes nos llevarían de vuelta, aun así, a Platón.

Si nos preguntamos por el puesto y el nivel que corresponde a esta imagen mítica en la obra misma de Platón, vemos a los míticos cosmos de movimiento (dentro de los cuales las almas se elevaban, caían, «recordaban», «olvidaban») prestos a devenir alma del mundo. La «reminiscencia» del alma individual se expandió hasta volverse «reminiscencia» del «mundo»; la preexistencia del alma se transforma en un modo de preexistencia del cosmos. La rotación del cielo y los ciclos de la vida, ligados ambos entre sí por su percepción de la dirección en el tiempo, constituyen una unidad: tanto aquí como ya en la *República* y más adelante en el *Timeo*. Si el alma del mundo comparte su esencia propia con todos los otros seres, como se enseña en el *Político*, entonces también la inversión de los cursos de los astros debe acarrear la inversión de todos los cursos de la vida. Esta inversión misma es, en verdad, la acostumbrada inversión fabulosa de lo existente, idéntica, en cuanto a la forma, a la de los mitos del *Protágoras*, el *Gorgias* y el de Aristófanes en el *Simposio*. Sin embargo aquí, en donde aparece por última vez, oculta una multitud (casi demasiado cargada para este juego) de categorías cosmológicas: vínculo entre mundo y creador, modelo y materia, imitación y caída, ser-lo-mismo y ser-distinto, regla y caos, deber y ser sin más, o, más bien (dado que para Platón el ser se yergue del lado del deber), entre deber y ser imperfecto; el mito del *Timeo* está madurando. La forma mítica de la inversión descompone en un después-de temporal lo que en una forma distinta se manifiesta como un dentro-de o un encima-de. En la medida en que esta sucesión empieza a hacer que el mundo perfecto y el imperfecto se atraviesen mutuamente y en la medida en que este atravesamiento se divide en creación y resistencia, en un configurar y un recibir, surge aquella misma concepción del mundo que reaparece en el programa del *Timeo*.

EL *TIMEO*

Aquí no es posible hacerle justicia, como correspondería, a la obra mítica capital que es el *Timeo*. Desde cualquier valle del mito en el que uno se encuentre andando la mirada apuntará siempre hacia esta cumbre, ciertamente, pero el problema de lo mítico empieza a integrarse en un plano tan profundo con cuestiones de una dogmática platónica y la pregunta por el vínculo entre el mito de Platón y las ciencias de la Academia empieza a acrecentarse hasta llegar a una magnitud tal que todo intento por parte nuestra de lidiar de esta manera con ella deberá fracasar. Sin embargo, para generar, a pesar de todo, un tránsito hacia el *Critias* y la cuestión de la teoría de las Ideas, consiéntase que sea dicho lo siguiente.

Si el mito mismo es una copia o una alegoría, y, en tanto alegoría que es, forma el mundo a partir de sí mismo; si, de igual modo, el mundo de lo visible es una alegoría que igualmente se forma de acuerdo a lo invisible; entonces el mundo, en la medida en que es copia o alegoría, se vincula con el mito, que es una alegoría (28b-c). El mito, por su parte, no empieza recién en el *Timeo* a tender hacia el cosmos, sino que lo hace desde el comienzo. Pero allí, por así decir, prevalecía el mito y el cosmos se subordinaba a él; y en el *Timeo* es al revés. El cosmos es atravesado con lo mítico o, lo que es lo mismo, se torna «copia», *mímema*. El mito, a la inversa, se desarrolla hasta transformarse en una explicación alegórica (es decir, imitativa) del mundo, o, más bien, en una creación del mundo de esta misma naturaleza. (Pues la «alegoría» deviene alegoría —es decir imagen, εἰκών— recién por medio de la retórica y la gramática, y, después, por medio del neoplatonismo, en sentido metafísico). Surge un sistema a partir de series constantemente descendientes de «copias» de lo espiritual en lo material cada vez más difíciles, más oscuramente encadenadas. La demarcación de lo mítico como lo verosímil, en contraste con lo verdadero, es en última instancia la misma y tiene el mismo origen que en el *Fedro* y el *Fedón*. El conocimiento ansía la verdad; el configurar, en tanto copiar, ansía lo vero-símil.[1] Pero tampoco carece de consecuencias lo configurador, lo demiúrgico. Allí lo arquetípico y aquí las barreras de la materia determinan su dirección y delinean sus fronteras. Surge, bajo la forma de la deducción, un método de «verosimilitud». Así, la forma de la alegoría repite el *diákosmos* presocrático. Lo eterno y lo cambiante, lo mismo y lo otro, los dos movimientos de los cuerpos celestes, que tienden en direcciones contrarias, el macrocosmos y el microcosmos, el cielo y la cabeza: descendiendo, en cada paso lo más bajo se revela como la imagen de algo más elevado.

Sin embargo, también observada desde lo bajo la forma de la alegoría es más, en tanto forma, que un juego arbitrario (aun cuando su realización sea con frecuencia una arbitrariedad): es una contemplación y una interpretación esenciales de la naturaleza, de acuerdo a sus raudales sin límite, a sus ciclos oscuros, impulsos confusos, deseos incipientes y presentimientos del espíritu atrapados en la materia y en la sangre. El conocimiento de los órganos del cuerpo, que debemos a la medicina, se llena con visiones como la de un

---

1 Este concepto de verosimilitud, por ende, es esencialmente distinto del sofístico o retórico. A este le falta el valor de la alegoría: no se establece en sustitución de la verdad; es un producto del escepticismo, de la antilogía sofística, de la praxis oratoria, etc.

combate entre forma y corriente, entre recipientes y jugos, entre una función de servicio y un obrar por cuenta propia de la animalidad inferior que el cuerpo aloja. Sin embargo, todo indica una medida y un deber cuyo arquetipo, para el cuerpo, está representado por el cosmos. También un alma demasiado grande en un cuerpo demasiado débil es una infracción contra la medida; lo cual suena muy poco cristiano y también muy poco neoplatónico. Pensemos de nuevo, por un momento, en Erixímaco: en el *Timeo*, lo que allí envejecía deviene joven de nuevo; la nueva intuición del mundo que llega desde el arquetipo y el deber le devuelve también al cuerpo su sentido.

La muerte, el nacimiento y la entidad de los seres en tanto que «copia» de los estados del cosmos ya eran algo conocido desde el *Político*, e igualmente el ordenador y demiurgo y las revoluciones del cielo de acuerdo al modelo de lo eterno. Pero lo que allí no avanzaba más allá del primer paso se despliega ahora con fuerza. En el *Timeo*, por fin, el *mŷthos* ya no es más «cuento», ya no es un rodeo, no hay más un contraste entre el juego de la forma y la seriedad del sentido: recién en el *Timeo* el mito se torna, sin fisuras, «enseñanza sagrada». Aquello en él que se denomina y se ha denominado «órfico» y «pitagórico» también es, y especialmente, esta sacralidad: la nueva sacralidad del lenguaje nuevo, libre y vuelto a componer de manera ceremoniosa desde cero, junto a la antigua sacralidad del misterio cosmogónico.

Los mitos de Platón provienen al mismo tiempo de un *páthos* y de una visión; son las erupciones y las expresiones creadoras ya sea de sensaciones de sobrecogimiento, ya sea de una contemplación que se apodera de la Idea (habría que discernir ambas cosas en función de su respectiva preponderancia). La idea de creación en el *Timeo* es la configuración mítica, es decir, la inversión creadora de una visión del mundo como un universal deber-ir y poder-ir (distinto según el nivel) hacia el espíritu. La *forma* de este deber es la *imagen*. En este sentido la visión del mundo del *Timeo* sería mítica aun sin el mito de la creación. Puesto que la ciencia —como por ejemplo la medicina, la astronomía, la matemática— no tiene espacio para la interpretación en imagen, la disuelve. El mediador entre espíritu y materia es el demiurgo, esto es, el configurador. La unidad polar entre imagen y ciencia y el triunfo de la imagen por sobre el mundo, del interpretar por sobre el conocer (de cara al mundo de los cuerpos): este es si no *el* sentido al menos sí *un* sentido en el mito del *Timeo*. El punto de partida doble —desde las categorías superiores del espíritu y al mismo tiempo desde el enredo caótico de lo no configurado; allí desde el *noûs*, aquí desde la *Anánke* (la gran cesura está en 47e); o igualmente desde el principio masculino y desde el receptor, desde la fuerza ordenadora y desde el espacio contenedor— sujeta a la naturaleza en el centro al suministrar una prueba de «verosimilitud» para su esencia como receptora de imágenes. Pero gráfica, es decir, mítica. ¿El mito forma a la naturaleza? ¿O la naturaleza forma al mito? ¿O los forma a ambos *un* demiurgo? Suficiente: solo la «imagen», al penetrar al mundo, lo vivifica, lo revive y lo produce y muestra al ser ligado al dios.

Sin embargo, así como la antigua forma se llena con un sentido nuevo, solo se comprende también del todo la nueva forma del pensamiento cosmogónico a partir de un sentido antiguo. La forma mítica del *Timeo* no surge, como se ha creído, de una cortedad, consistente en que Platón no habría podido lograr llegar desde sus Ideas hasta el cosmos siguiendo el camino de una investigación seria. Así como el mito, en el interior del mito mismo, exhibe una amalgama y un mutuo atravesamiento de una imagen mítica y una imagen científica del mundo tales que no se puede decir cuál de las dos prevalece o dónde termina una y empieza la otra, así el *Timeo* también, como *obra*, es una cosmogonía del alma tal que las fuerzas receptoras y las ordenadoras, la imagen y la dialéctica, la sensibilidad y el espíritu, la turbiedad y la luz, el fluir y la forma se mezclan y se atraviesan mutuamente. El demiurgo, que se ubica, en tanto contempla y crea, en el medio entre ser y devenir, entre lo eterno y lo temporal, entre el arquetipo y la copia, es, en tanto la unidad creadora de toda contraposición, así en el contenido como en la estructura de la obra, el principio motor cosmogónico y mitogónico al mismo tiempo. La pregunta en torno a por qué razón Platón, en lugar de una explicación del mundo, realizó su mito del demiurgo, afecta a la armonía del contenido y la forma.

De allí que el alma del mundo tampoco sea solo una figura *dentro del* mito, sino también a su vez un principio configurador, formador *en el* mito, que lo codetermina. El alma del mundo no es una ampliación macrocósmica del alma individual; no es un espíritu, un soplo o un material que atraviesa el mundo: no es nada parecido a lo que era el aire entre los presocráticos, como para Diógenes de Apolonia o Anaxímenes; no es nada vitalista ni nada orgánico. Es el ordenamiento del mundo y del ser en tanto principio creador de vida sin más, y, al mismo tiempo, en función de su contenido, es ordenamiento sin más de todo lo que es contenido del «alma» —esto mismo, exhibido míticamente en procesos cosmogónicos—. Así como el alma del mundo, en tanto cosmos de astros, es una «mezcla» formada a partir de entidades polares; así como, en su amalgama, tres —lo mismo, lo otro y la mezcla de lo mismo y lo otro— se vuelven uno para volver a tornarse inmediatamente algo desarmado, «cortado en partes» y «dividido» en el vínculo armónico del número misterioso: así se forma, según la ley de la polaridad, el alma, como unificación de los opuestos, a partir de la fuerza de la mezcla unificadora y la fuerza de la partición lógica; su capacidad de modificarse uniéndose por medio de lo múltiple se junta con su capacidad de partir, ordenar y dominar por medio del número y el concepto. El mismo par de fuerzas que ordena y gobierna por completo cada alma individual también ordena y gobierna por completo al mundo. Las polaridades, cuyo devenir mundo es exhibido por el mito del *Timeo*, son fuerzas del alma; al atravesar productivamente el mundo producen las tensiones que se descargan. En la forma presocrática del problema, el abuelo de esta cosmogonía —en tanto esbozo del ordenamiento de una manera de pensar y de ser al mismo tiempo— es la *dóxa* o el mundo de la apariencia de Parménides, como la doctrina del ser parmenídea es el antepasado presocrático de la teoría de las Ideas platónica.

El caos y la Idea son polos originarios; en tanto tales están activos en el mito o, lo que es lo mismo, en el cosmos: desde el todo hacia el individuo, como desde lo que contiene hacia lo interior (y, por cierto, en formas siempre diversas). Las polaridades se ordenan, de algún modo, concéntricamente, de modo comparable a la materia del mundo en las antiguas cosmogonías presocráticas: desde la periferia hacia el centro. Ser y devenir, espíritu y alma y a su vez alma y cuerpo; perceptibilidad (la realidad anímica de lo material) y materialidad; cualidad sensible y elemento; totalidad y parte, inmortalidad y mortalidad, perfección y enfermedad, alma y órgano, falta de órganos y cadena de órganos (y así también las predicaciones eleáticas: «uno», «nacido único», «perfecto», «sin vejez», «sin enfermedad», ἕν, μονογενές, τέλεον, ἀγήρων, ἄνοσον [31b, 33a]: ¡uno no puede haber olvidado, cuando llega luego a los capítulos sobre medicina, la perfección del alma del mundo!). De este modo, constantemente una oposición es subsumida por otra oposición, algo más estrecho a su vez por algo más amplio. Lo más perfecto encierra a lo más imperfecto como la figura de la esfera a todas las figuras restantes (33b). Y tal como se vincula la forma de la esfera con la forma del poliedro, el alma del mundo con el elemento, así se vincula la parte con el todo, lo partido con lo intacto. La introducción de la estereometría —al mismo tiempo punto, línea, superficie, cuerpos— produce en la transformación de los cuatro materiales originarios, polarmente, un enlace entre fuerzas ordenadoras y oscilantes equivalente al modo en que, en el flujo y la transformación de cada percepción —aunque esta sea todavía confusa (43d-e)—, está polarmente contenido, activo, aquel número misterioso de acuerdo a cuya proporción fue dividida el alma del mundo. El número cuatro de estos cuerpos determinados, tomado del número de los poliedros, se debe, por cierto, a la misma arbitrariedad lúdica —que es una prerrogativa del mito— que los números determinados en tanto vínculos del alma del mundo. Sin embargo, el número y la forma pura de los cuerpos en sí pertenecen al cosmos de manera igualmente necesaria a como están en el alma. Puesto que solo lo igual reconoce a lo igual, y el alma individual es una parte del alma del mundo. La matematización de la doctrina atomística de Demócrito que se percibía en Platón significa en realidad una inversión de la dirección: la forma es espíritu. El nacimiento espiritual del elemento avanza por el camino de las formas espirituales del espacio que se exhiben en las doctrinas de la geometría y la estereometría.

Y nuevamente el microcosmos cuerpo deviene fiel retrato del macrocosmos. La oposición de poderes originarios a partir de la cual irrumpe el mundo continúa engendrando en formas siempre nuevas, más derivadas, hasta la última ramificación de lo orgánico. La médula espinal y el cerebro, en tanto los órganos modelados para la recepción de la semilla divina, no están formados —a diferencia del resto del cuerpo— a partir de los elementos mismos, sino a partir de los componentes originarios más puros de los elementos, a partir de los más uniformes triángulos originarios en los que se descompuso en primer lugar el polo contrario al del espíritu: la informe materia espacial (73a-b). De modo que está activa en el órgano anímico la misma forma purísima del espacio dividido (esto es, en términos míticos: el órgano está creado a partir de la misma forma purísima que su material) que posibilita antes que nada todo tránsito y transformación de los elementos en los otros y a partir de los otros. La médula se torna «ancla» de la que provienen las «amarras» para el cuerpo. Puesto que así como lo que anima está antes que lo animado, así también lo que desea está antes que los órganos que desean (cf. *Leyes*, 897). La creación demiúrgica trae una espiritualización de la concepción del cuerpo y de la del mundo que también enseña a comprender el cuerpo en sus polaridades corporales a partir de la libertad y la coacción, el propósito y la insuficiencia. Por medio de un sostenido encastramiento de un opuesto en el otro, también en el cuerpo

—en médula y hueso, alma y órgano, articulación (lo espiritual, por así llamarlo: lo que obedece al espíritu) y carne (lo material)— se construye, de acuerdo a los grados del valor de las fuerzas, la jerarquía de los fines: aquello que para mayor facilidad se ha denominado con el término «teología». La forma mítica de la creación, en su tensión entre producir y reconocer, entre demiurgo y materia, entre alma y necesidad, entre mito y ciencia, exhibe la misma oposición que la que existe en lo tocante a su contenido, la cosmogonía. Forma exterior e interior, contenido y obra son uno. El mito de la creación da la respuesta mítica, solo posible por medio del mito, la «imagen» en general, a la pregunta por el sentido del cosmos y del cuerpo. Puesto que el cosmos y el cuerpo a su manera son cosas exploradas de igual modo que el reino del espíritu, la ciencia y el mito se deben atravesar mutuamente. Pero el mito debe vencer. El rechazo del sinsentido, presente en toda la teoría de Platón, que prorrumpía lo suficientemente a menudo en las confesiones de apuro y desconcierto de las que la Idea rescata, se convierte en la más formidable apología del mundo. «Si este mundo es bello y su demiurgo bueno, es evidente que miró el modelo eterno. Pero si es lo que ni siquiera está permitido pronunciar a nadie, el generado» (29a). ¿Quién podría medir el abismo de este «si»? La huida del mundo del *Fedro* se vuelve aceptación creadora del mundo en la belleza arquetípica de sus reinos superiores y en su incapacidad constantemente creciente para con los inferiores. Se reúne lo que en el mito del *Político* se quebraba en dos eras del mundo. Los elementos, el cuerpo, el alma, el cielo, el demiurgo mismo, no pueden hacer nada mejor. Pues frente al *noûs* está *Anánke*. El camino del comienzo al fin, del espíritu a la materia, de lo unitario a lo múltiple, no conduce hacia arriba. Las seis direcciones de movimiento del ser vivo son una solución de urgencia respecto de la séptima, circular, del cielo... Y sin embargo solo este descenso genera el sentido en el sinsentido. Del caos solo salva lo imperfecto. De este modo, la polaridad, inherente a la Idea según su propia naturaleza, logra al final lo mismo —o casi lo mismo— que lo que antiguamente Heráclito había logrado por medio de la concordancia de los contrarios: «Desperdicios sembrados al azar, el más hermoso orden del mundo».

Lo que es espíritu y corriente, orden e impulso, se orienta finalmente en dirección hacia el cosmos. Así se desarrolla la imagen mítica del mundo hasta el *Timeo*. El alma de las escatologías se tornó el alma del mundo. La Idea conduce de vuelta hacia el mundo. No es aquí el lugar de definir cómo llamar a esto: si optimismo, pesimismo, resignación o lo que sea. Pero sería erróneo invertir la dirección y disolver el cosmos en una apariencia, una remisión, un símbolo y un signo de fuerzas sobrenaturales. El comienzo de la Antigüedad tardía lo marca el hecho de que se haya comenzado a leer el *Timeo* al revés: en lugar de tomarlo como una imagen mítica, se intentó encontrar en él una vía de escape de la imagen por medio de una exégesis pneumatológica y del uso de alegorías enigmáticas.

El *Critias*

El mito cosmogónico del *Timeo* se presenta como un don en retribución de otro. El don al que responde es la historia sobre la Atenas de antaño y el comienzo de una lucha decisiva entre ella y las oleadas de conquistadores provenientes de Atlantis. El cosmos y el mundo heroico se atraviesan el uno al otro en el mismo diálogo. El Estado y el reino de las Ideas, el orden humano y el divino, se muestran como una unidad en la *República*; comienzan a polarizarse en el *Político*, en donde el liderazgo en el Estado y el liderazgo en el cosmos quedan disociados en tanto tema y digresión, diálogo y mito; en el *Timeo* se independiza una teoría del surgimiento del mundo que es mítica, aunque se ajusta a la norma en lo referido a la imagen del mundo. El mito aspira a realizarse tornando mito lo que parece real, el mundo. No de otra manera, la imagen ideal del Estado aspira a su realización en una historia originaria. Tal como en el *Político* el *mŷthos* y el *lógos*, en apariencia independientes el uno del otro, están, sin embargo, ubicados en polos contrarios de lo mismo (el *mŷthos* como una digresión en el *lógos*), de igual modo, en el *Timeo*, el cosmos y la historia originaria, como dos dimensiones —por así decir, espacio y tiempo—, están simultáneamente separados y reunidos. El cosmos y las épocas remotas son las dos direcciones en las que, dentro del mundo de la alegoría, la vida en sentido estricto —tanto la del cuerpo como la del Estado— mira hacia más allá de sí misma. Puesto que así como el cuerpo precisa del cosmos y el cosmos del demiurgo, también precisa el Estado de épocas remotas y de historias heroicas. Este es el significado de lo pasado: que pone ante los ojos la evidencia, trayéndola a la memoria, de que la grandeza es posible. Así, la historia de Atlantis es la historia de una Guerra Médica ideal que le hace falta al Estado de Platón para completar su realidad en el mito. Ya no surgen más mitos en los que se reformula el alma oscilante de un diálogo, sino mitos que se sostienen y descansan en sí mismos como grandes imágenes. Mientras que el mito antes era esencialmente desplazamiento ahora se torna esencialmente radioscopia. La luz mítica penetra el mundo. En este momento, sin embargo, la categoría de épocas remotas pasa a formar parte del reservorio de formas en la construcción de mitos de Platón en general, no de otro modo que la categoría de lo suprasensible y la de más allá sin más, es decir, la categoría originaria. A los períodos del mundo que van alternando en el *Político* corresponden, en el *Timeo*, los períodos de la cultura. También estos son separados por puntos de inflexión cósmicos, catástrofes del cielo y de la tierra, incendios y diluvios, de un modo tal que el recuerdo solo pasa de una época del mundo a la siguiente a través de antiguas tradiciones, posteriormente malinterpretadas. Así como en el *Político* el mito de Atreo era interpretado como una tradición de esta clase, así también la fábula de Faetón en el *Timeo*. Desde el punto de vista de su función en el mito, en ambos casos se trata de lo mismo. Los motivos, las fuentes, en definitiva toda la configuración preplatónica de estos pensamientos, podrán ser todo lo diferente que se quiera: pero aquí se trata de la forma mítica en Platón. El cosmos y la época originaria muestran otra vez la necesidad del vínculo del uno con el otro en tanto dimensiones distintas de lo mismo. Así como la época actual del mundo es demasiado turbia, débil e imperfecta como para que el dios mismo pudiera llevar en ella el timón; así como, sin embargo, su propio girar, torpe, encierra, en una tenue «reminiscencia» de uno mejor, la certeza de que el dios *alguna vez* llevó él mismo el timón: del mismo modo, en la dimensión histórica, le corresponde a la forma imperfecta del Estado y el gobierno, que es la de la historia presente, y aun la de la tan incierta Atenas, una ciudadanía y un mundo heroico del más allá, modélicos, puros, que existieron en una época originaria, hoy perdida. Así como aquella era la mejor época del mundo porque el dios mismo llevaba el timón, así la época originaria de Atenas era la época en que los dioses mismos dirigían a los seres humanos, no como al ganado con el látigo, sino como a dóciles barcos con el gobernalle (*Critias*, 109c). Como la Tierra, o más bien lo que considerábamos la Tierra, era algo enfermo y consumido en comparación con la verdadera Tierra —de acuerdo con el *Fedón*— así también la actual tierra del Ática es un pobre vestigio, comparable a los huesos de un cuerpo achacoso, frente a la belleza, plenitud y fertilidad de la tierra en la época originaria. Y no de otro modo ocurre con la Atenas política de hoy comparada con la Atenas del «verdadero Teseo» y del «verdadero Erecteo». Lo perfecto debe haberse realizado alguna vez. Es el anhelo de contemplar una realidad tal lo que produjo también el mito de la Atenas originaria. El mito mismo no es sino esta contemplación. La Atenas originaria se muestra en la Atenas presente, y, por desconsolador que pueda resultar, es un tenue sueño, con todo, de su figura originaria. No es esta la figura de Atenas —lo que allí se llama Atenas—, así como no es la luz aquello que se refleja, turbio, en el agua. ¿Se nos permite agregar que la contemplación de las Ideas, en última instancia, no es sino una contemplación de este tipo? ¿Y que quien no tiene esta contemplación tampoco tiene las Ideas y no las puede conocer jamás? Así como las Ideas vuelven a despertar en el alma como «reminiscencia» de una época de preexistencia, como *anámnesis*, así vive en la nobleza originaria de Atenas, especialmente en la propia estirpe de Platón, una reminiscencia maravillosa e imborrable del Estado que nunca se dio en esta época y sin embargo vive imborrable como «reminiscencia». «Pero cuán maravillosa es la reminiscencia de lo que aprendimos siendo niños». ¿Por qué razón es necesario que haya existido la república ideal de Platón? ¿Podemos responder «porque el anciano siguió hilándola en sus mitos»?

La Atenas originaria, sin embargo, no es considerada únicamente en tanto tal: también tiene que combatir contra la ciudad y la tierra de Atlantis. ¿Qué será esta lucha? ¿Y qué será la singular descripción de Atlantis? ¿O estábamos equivocados? ¿El mito se desvanece, a fin de cuentas, en un juego vacío? El mito es copia. Si Atlantis es un mito: ¿cuál es el arquetipo? Por cierto, no es lícito que se lo busque en lo presente o en lo histórico: la Atenas actual es lo contrario o hasta lo doblemente contrario del arquetipo. Porque lo presente, lo sensible, debe ser *medido* a través del contraste con el arquetipo, por cierto, pero el arquetipo solo se puede *mostrar* en el mito. El vínculo entre el presente (o podría hablarse en su lugar también del cosmos, etc.) y el mito es como el de la luz libre y el espectro: ambas cosas apuntan hacia la misma fuente de luz originaria pero sería vano buscar el espectro en el paisaje.

Se han indicado paralelos —con aparente éxito en aspectos puntuales— entre Atlantis y el Oriente, especialmente con Egipto. Hay argumentos en contra, pero además el mito no se reduce a esto. No se trata de algo político, ni de algo histórico, de historia de la cultura o geográfico, sino de una contraposición *arquetípica*. Si se sustrae el núcleo arquetípico permanece lo que también ha permanecido en la literatura griega: la forma literaria, el *bíos* de los pueblos, la novela política, la utopía, la vaina sin las semillas. Se puede encontrar en Atlantis el Oriente, pero no en motivos particulares sino únicamente en la medida en que se percibe en Oriente una remisión arquetípica. Tierra y pueblo son uno; ambos son un símil. Al igual que en los mitos del *Fedro* y el *Político*, en los que la pureza de la Tierra, la perfección de la época del mundo, está en consonancia con los estados de la Humanidad, condicionando una cosa a la otra, así también el paisaje y el Estado constituyen una unidad en el *Critias*. La irrigación, en la Atenas originaria, es obra de la condición natural del suelo; en Atlantis es obra de una sistemática elaboración. Las contraposiciones atraviesan de este modo ambas descripciones. Hagamos el intento de entender también al país como expresión de un espíritu.

El Ática originaria es una tierra montañosa, con valles amplios, bosques espesos, árboles altos: un tipo de paisaje heroico. Su riqueza, su frescura y su naturaleza intacta la distinguen de la actual, así como se distingue de la población actual la originaria. La tierra disfrutaba del agua del cielo, que todavía no corría, desperdiciada, por pendientes desnudas hacia el mar. Densa tierra y lechos arcillosos contenedores mantenían retenidas en hondonadas, por todas partes, a las vertientes y a los arroyos. La acrópolis llegaba hasta el Erídano y el Iliso y contenía al Pnix y al Licabeto. Su actual figura encogida, la que quedó como resultado, le fue dada por terremotos y un diluvio tres períodos antes de la inundación de Deucalión. Antes conformaba una gran planicie muy extendida, no desnuda y desgastada sino repleta de densa tierra. A los pies de sus laderas vivían los campesinos y los hombres de oficio; los vigías, en la planicie elevada, en torno al templo de Atenea y Hefesto, cercada por un cerco a su alrededor como lo estaría el jardín de una casa. En la mitad de la región que se abría hacia el Sur estaban ubicadas las viviendas y comedores para el invierno, de acuerdo a las exigencias de su vida en común; se evitaba la plata y el oro; la parte orientada hacia el Norte estaba destinada a gimnasios, jardines y solares para el verano. Una gran vertiente, de la cual se conservaron como vestigio las vertientes pequeñas en torno a la ciudadela, dispensaba agua en abundancia, templada adecuadamente tanto para el verano como para el invierno. De este modo la tierra y el poblado se tornan la viva imagen del ser del Estado. El área de los vigías, con sus sisitías y gimnasios, separada de los campesinos y los hombres de oficio, es, en tanto escenario y al mismo tiempo también expresión de su comunismo descuidadamente circunscripto y elevado por sobre sus ciudadanos, heroica. Y los campesinos son los campesinos auténticos, campesinos en cuerpo y alma, pundonorosos y bien formados —son como la tierra que cultivan, esta tierra de la mejor clase, de aguas inagotables y bendecida por las estaciones.

De igual naturaleza es la relación entre la tierra y el pueblo de Atlantis. Atlantis era una de las grandes islas del estrecho de Gibraltar que se hundieron en el mar. Antiguamente su poderío se extendía sobre todo el Oeste de África y hasta Tirrenia. Y nuevamente la naturaleza y las personas sostienen una unidad, solo que contraria a la del Ática.

Cada año se dan dos cosechas, una natural y una artificial, fruto del riego. Así como la tierra es de una abundancia fabulosa, rica en oro y en todos los minerales, en elefantes y en animales explotables de todo tipo, en frutas y verduras, en maderas fragantes, bálsamos y especias, así también es la grandeza y el comercio, el brillo y el espíritu de la ciudad: ricos en oro sus templos, su gente de una belleza exuberante y sus estructuras estatales de un orden asombroso. Una manifestación de este orden es el emplazamiento circunscripto de su ciudad, producido tanto por la naturaleza como por el arte. Este emplazamiento se parece a un ceremonial. La ciudad se ubica en una vasta llanura desplegada hacia el Sur; a su alrededor se elevan cadenas montañosas que terminan abruptamente en el mar. La forma de la llanura se parece a un rectángulo oblongo con el lado largo orientado hacia el Sur. La rectitud natural de los límites es incrementada aún más por el arte, por la técnica. Cuatro canales derechísimos formados artificialmente, unidos entre sí, recogen en los cuatro lados el agua que baja de las montañas y sirven para circulación, maderada e irrigación. Un sistema de canales más pequeños divide toda la llanura en campos regulares. Mientras que la llanura es un rectángulo, la ciudad es un círculo y la acrópolis, la colina sagrada, un círculo pequeño dentro de uno grande. Como con un compás, Poseidón mismo formó alrededor del lugar sagrado de la fortaleza, para proteger a su estirpe, tres anillos de agua y tres anillos de tierra alternados con ellos. También las dimensiones muestran un sistema. El anillo de agua exterior tiene tres estadios de ancho, tantos como el anillo de tierra que le sigue; los anillos de agua y de tierra que les siguen hacia el interior tienen cada uno dos estadios y el anillo de agua más estrecho tiene un estadio. Cinco estadios de diámetro mide la isla con el palacio real. Y una vez más el arte completa la obra de la naturaleza. Las cadenas circulares de tierra están unidas por puentes; los anillos de agua, por medio de perforaciones por sobre las que pasa un puente. En torno a cada una de las regiones concén-

tricas se elevan muros con almenas, formados como un tapiz
—con variaciones según la naturaleza de la construcción—
con cubos de piedra blanca, negra y roja. (Es decir que también aquí rige un tipo de orden invertido que recuerda lo
oriental: en lugar de la arquitectura, el patrón). El muro exterior está recubierto con bronce; el siguiente, con estaño;
los muros en torno a la acrópolis, con oricalco (¡recordemos
el cerco de los jardines en torno a la ciudadela de la Atenas
originaria!). En un radio de cincuenta estadios alrededor del
muro anular exterior se extiende la ciudad, que llega hasta el
mar. La formación circular central pertenece a los lanceros
y a los reyes. Y así como los lanceros se fragmentan en tres
rangos, así también se dividen sus moradas y sus espacios de
entrenamiento, de acuerdo al rango, en tres círculos: los más
fieles de los fieles viven en la fortaleza y constituyen el entor-
no más íntimo de los reyes. Escalonados de manera similar
a los tres anillos de muros están los minerales que revisten el
santuario que había en la fortaleza. En el templo gigantesco
de Poseidón se alza una imagen colosal de oro: Poseidón sobre un carro tirado por seis caballos alados rodeado de una
corte de cien Nereidas cabalgando sobre delfines. Dentro y
fuera, innumerables estatuas de gobernantes. Dos vertientes
brotan en la ciudadela: una fría, la otra caliente; la fría corre
hacia el Sur, la caliente hacia el Norte, ambas guiadas artificialmente, al aire libre la fría, cubierta la caliente; conducen
hacia depósitos destinados a los baños, que están separados
para reyes y súbditos, varones y mujeres, personas y animales de tiro; cada uno de los baños tiene su equipamiento
propio...

Así es la tierra de la que proviene el gran peligro. Existe
el peligro no de hordas salvajes ni de migraciones de pueblos

sino de una estructura estatal altamente desarrollada y civilizada en la que rigen, en lugar de las fuerzas naturales, reglas inferidas con arte (por inteligentes que sean); en donde gobierna, en lugar de un todo viviente y miembros orgánicos, un sistema de disposiciones esquemáticas (por convenientes que sean). Los ciudadanos de la Atenas originaria, estirpe desarrollada libremente, viven ligados a la tierra, de acuerdo a las costumbres de su cuerpo, de su alma, sobre la Tierra libre, creadora de montañas y valles y peñascos y quebradas. La tierra, la ciudad y los habitantes de Atlantis están formados con compás y regla. Al ver a los atlántidas uno querría exclamar «¡No a esta tierra del bienestar! ¡No a este Estado de la técnica y el esplendor! ¡No a esta gente del orden!». La excelencia de los atlántidas es tan evidente como la salud de la «ciudad sana» en la *República* de Platón. Detrás del encanto del relato se oculta esta irónica pregunta: ¿qué les parecería un Estado como este en comparación con mi Atenas originaria? ¿No es cien veces más deseable que ella?

Cuando los gobernantes de Atlantis, para hacer justicia, concurren al tribunal, ¡se cuidan de no dar más a lo par que a lo impar! ¡Por ello se reúnen una vez en el quinto año, una vez en el sexto! Lo que en la Atenas originaria atraviesa todo, lo que no falta nunca en ningún lado, lo que es manifiesto en el vínculo armónico entre gobernantes y gobernados, en Atlantis debe ser renovado artificialmente de acuerdo a la regla, cada vez, entre un plazo y el siguiente, con las precauciones más engorrosas y los ritos más misteriosos. ¡Cuánta previsión, cuántas molestias! ¡Qué sistema ya desde el momento de la elección de la víctima! Dado que los gobernantes son diez —el sistema decimal se extiende sobre todas sus formas de vida— dejan sueltos diez toros en el templo de Poseidón, ruegan al dios y cazan, aunque sin hierro, con palos y redes. Al animal que atrapan lo faenan sobre la columna que tiene inscriptas sus leyes de modo que la sangre corra por encima de las letras. En la columna, junto con las leyes, están escritas las más aterradoras maldiciones para quienes las violen (como también, sobre todo, en las inscripciones en Oriente). Luego se lava el texto y se incinera el animal. Pero diez gotas de su sangre son vertidas en una crátera, una gota por cada uno de ellos. Cada cual va extrayendo de allí sobre una fuente dorada propia, hace la libación y jura, en nombre suyo y de su estirpe, castigar todas las transgresiones y no gobernar ni obedecer más que de acuerdo a la ley que estableció el padre divino. Luego beben y ofrendan las fuentes en el templo del dios. Una vez que se consumió la comida, que cayó la noche y que el fuego se agotó, apagan las antorchas, se visten con mantos oficiales de color azul oscuro y llevan a cabo el juicio sentados junto a las cenizas del fuego sacrificial. Con la llegada del día escriben sobre una tablilla dorada lo que determinaron; a esta la ofrendan como recuerdo junto con los mantos.

Así, precisan de la noche, del juramento, de la víctima y del misterio para restablecer la justicia en su tierra. ¡Qué diferencia con la Atenas originaria! Aquí la vida, allí el sistema; aquí el alma, allí la letra de la ley; aquí el mundo heroico, allí la magia. En el *Critias* se presenta por primera vez, en una copia mítica, la contraposición universal entre dos formas de la cultura y del Estado. La lucha que se desencadena entre Atlantis y Atenas es una lucha eterna. Pues solo la mirada que se dirige hacia lo eterno tiene derecho al mito. No hacen falta siempre dos naciones enemigas para que esta lucha se desencadene.

Cuando se agotó en ellos la parte divina porque se había mezclado muchas veces con muchos mortales y predominó el carácter humano, ya no pudieron soportar las circunstancias que los rodeaban y se pervirtieron; y al que los podía observar le parecían desvergonzados [...], y los que no pudieron observar la vida verdadera respecto de la felicidad, creían entonces que eran los más perfectos y felices [...]. El dios de dioses Zeus, que reina por medio de leyes, puesto que puede ver tales cosas, se dio cuenta de que una estirpe buena estaba dispuesta de manera indigna y decidió aplicarles un castigo para que se hicieran más ordenados y alcanzaran la prudencia. Reunió a todos los dioses en su mansión más importante, la que, instalada en el centro del universo, tiene vista a todo lo que participa de la generación y, tras reunirlos, dijo... (121a-c)

Con este «quien tiene oídos para oír, que oiga» homérico se interrumpe el *Critias*. Está incompleto y completo, porque ya no hay nada que completar. Su final se asemeja al último golpe de cincel en un torso tardío de Miguel Ángel.

Mito e Idea

En muy repetidas ocasiones el mito nos remitió a la Idea. Después de todo, mito e Idea no solo se vinculan entre sí como el contenido y la forma —en tanto en el mito también se trata sobre la Idea o en el mito se presenta la Idea— sino también como el configurar se vincula con el contemplar. En ello radica su armonía tensionada: son contemplar y crear quienes están el uno frente al otro; no el contenido y la forma, la realidad y el pensamiento. La contemplación de las Ideas propia de Platón se vincula con la *República*, en tanto obra de Platón, como se vincula, dentro de la *República*, la tarea de contemplar la Idea por parte del «filósofo» con su regreso inmediato a la política. La vuelta de la contemplación hacia la producción, la acción, la transformación de acuerdo al arquetipo, el «engendramiento» y el educar caracterizan tanto a los «filósofos» como a la esencia de la Idea platónica en sí. Tampoco al volver la mirada hacia atrás la contemplación de las Ideas conduce hacia la realidad sensible de las cosas naturales, sino, o bien hacia el dividir, el medir y el ajustar, en donde se trata de reglas siempre derivadas o derivables (como en las ciencias exactas platónicas, en la dialéctica, la matemática, y también en la política y la ética más tardías), o bien, como ya fue dicho, hacia el configurar, el engendrar o el «producir», en donde se trata de fuerzas, materiales y figuras, persona y alma, Estado y mundo. Quien contempla las Ideas deviene, al volver la mirada hacia atrás, mensurador —dialéctico, geómetra— o configurador, demiurgo. Pero dado que no ocurre que la creación se derrame en el reino de la fantasía, ni que la contemplación se derrame en la realidad efectiva, como si cayeran por los bordes, sino que una fluye de vuelta hacia la otra y la una liga a la otra, aún están pendientes, por el otro lado, los problemas de la relación entre el mundo y el pensamiento, de acuerdo a los conceptos familiares para nosotros, y con ellos también los problemas de una explicación teórica de la naturaleza.

Por ello está pendiente también la pregunta por el carácter de la unidad entre naturaleza y espíritu y por el vínculo causal entre ambas. ¿Cómo comprender este vínculo? Sumemos todavía un punto: lo que está pendiente es, en general, la necesidad de una causalidad (o mejor: ocurre que toda causalidad se vuelve en el acto causalidad del alma). El fundamento para el alejamiento no solo de la causalidad física sino también de una fundamentación metafísica del mundo real, o, como se dice en el *Fedón*, el fundamento para «escapar en dirección a la verdad de los conceptos» (99e), reside en la esencia, precisamente, de aquello que se entiende por «causa». La «causa» enceguecería al alma que quisiera examinarla, lo mismo que el Sol al ojo que mira hacia él. Pues ¿dónde obtener un medio para captar, en la investigación, la auténtica causa, que, dicho en sentido figurado, no es la carne y el hueso, sino Sócrates, su ser y su ley? Para lograrlo, se identifica como causa la «presencia» de la Idea en la cosa sensible, la «participación» de esta en la Idea; como causa de lo bello, de lo grande, de lo pequeño, como aparezca cada vez, siempre sería esta la única «hipótesis» segura (*Fedón*, 101d). La pregunta, en cambio, en torno a *como qué* hay que pensar esta «participación» y esta «presencia», es dejada de lado. El traslado de la causalidad, de lo que es como el Sol para el ojo, hacia lo lógico, acaba, en los hechos, en su supresión. Pero solo es suprimida en el ámbito del saber y el conocer para desplegarse con tanta más potencia en lo anímico, es decir, en lo creador. Al limitarse y darse por satisfecha, la dialéctica deviene verdaderamente la liberadora del mito.

La «causalidad» del alma es distinta de aquella a la que se refiere la «ciencia». Acerca de la causalidad del alma habla la obra tardía *Leyes* (896d): el alma sería, en tanto aquello que se mueve a sí mismo, la «causa» de todo: de lo bueno como de lo malo, de lo justo como de lo injusto, de lo feo como de lo bello, de cualquier aspiración y del «movimiento» tanto del pensamiento como del *cielo*... Aquí se vuelve a tensar al fin un arco, pese a todo, por sobre los ámbitos que en el *Fedón* se separaron en una extrañeza sin remedio; entre ambos ingresa, reuniendo devenir natural con espíritu, el «alma». Sin embargo, para confirmar a este tipo de «causa» en el espacio y el espíritu como una y la misma y, por último, como divina, ya no se puede transitar el camino del conocimiento científico, siguiendo el ideal de saber de la dialéctica.

El alma es el único ser al que le corresponde tener inteligencia. [...] Y el que ama el espíritu y la ciencia debe investigar primero las causas de la naturaleza *inteligente* y, en segundo lugar, las que pertenecen a los seres que son movidos por otros y a su vez mueven necesariamente a otros. (*Timeo*, 46d-e)

Así dice el mito del *Timeo*, para justificar al mito mismo. En el amplio método de enseñanza de la obra de vejez vuelve a ser retomado lo que traían los mitos tempranos en la embriaguez de sus símiles. Pues ¿qué es lo contrario de lo que mueve a otro y es movido él mismo por otro? Según lo que enseña el *Fedro*, es el *alma*. Pero el alma no como concepto ni psicológico ni metafísico; ni dentro de las fronteras amojonadas del conocimiento dialéctico ni en un más allá en tanto presupuesto de este conocimiento o en tanto aquello que le daría sentido; sino en otro más allá, en la dimensión de lo creador y, por ello, míticamente consciente de sí misma. Allí se configuran conceptos como los de «alimentación», «fuente», «arquetipo» y «copia» —también pertenecen a este grupo el «demiurgo», el «nacimiento», el «embarazo», el «vuelo», la «locura divina», el «olvidar», la «reminiscencia» e incluso el «alma» misma—; el lenguaje del alma es el lenguaje del mito. Desde que existe un platonismo, nunca se comprendió o nunca se creyó que en la filosofía de Platón estaba ausente la pregunta por el *efecto* de la Idea (tal como se la interpretaba: en tanto pregunta por la causación de las cosas sensibles y el conocimiento). Pero la pregunta por la causa deberá parecer que está ausente en la medida en que se pase por alto la categoría anímica en tanto tal. Recién al desprenderse el alma de su participación en la Idea y de la presencia de esta, el intelecto llega ya sea al problema lógico del juicio y el concepto, ya sea al problema metafísico del fundamento. En cuanto a su figura y su expresión, lo que se llama «alma» en Platón es, en el conjunto de sus escritos, muchísimo más poderoso y diverso y también mucho más accesible temporalmente que el despliegue dialéctico de la Idea. Si se intenta derivar el «alma» a partir del significado lógico, gnoseológico y metafísico de la Idea y definir su espacio como un «reino intermedio» necesario —intermedio, por ejemplo, entre las Ideas y los cuerpos—, se cae en un aprieto. El alma se torna una colorida y poética decoración, un esbozo del pensamiento filosófico: se la excusa, se la embellece, se la sistematiza. En realidad, se invierte el vínculo entre ambas: no se trata de que la doctrina de las Ideas deje salir de dentro suyo, por así decir, como una consecuencia, la doctrina del alma; no se trata de que, al reconocer la Idea, Platón se apropie de todo lo que tiene a mano —lo místico, lo órfico, lo pitagórico—; no se trata de que envuelva lo realmente nuclear, la teoría de las Ideas, en la atmósfera de una doctrina del alma; más bien delimita, aclara, ilumina y clasifica las potencias del «alma» por medio de la teoría sobre la Idea. El más allá de la Idea no es una digresión repentina en dirección hacia lo teológico-místico ni es similar a un límite a la manera de las delimitaciones kantianas, sino que es un modo de expresar el origen último del conocimiento y el dominio de la creación a partir de una unidad originaria: en tanto dualidad, están en el alma, en un hacia arriba cognoscitivo y contemplativo y a su vez en un hacia abajo productivo y realizador; en tanto unidad, están en la Idea. Puesto que la Idea más elevada no es solo lo bello, lo justo, lo bueno, sino también al mismo tiempo por ello el «verdadero saber», el que «rodea», la «verdadera virtud»… Por ende es algo «engendrador», que «alimenta el alma» en tanto objeto y sujeto, norma y cumplimiento, conocido y autoproductor todo junto.[1] La explicación según la cual la Idea en tanto

1 Este vínculo de la Idea con el dominio de la creación no se encuentra expresado como *doctrina* explícita. La doctrina de Platón no coincide con su praxis

causa sería fundamento y fin al mismo tiempo, con el texto a la vista, solo es, en verdad, una paráfrasis debilitadora y modernizante. Si fuera solo eso la Idea, ¿por qué hacía falta la exaltación mítica para hablar de ella?[2] El límite de la dialéctica es alcanzado solo excepcionalmente por la dialéctica misma en su ascenso. Lo normal es que la dialéctica dé paso al mito. Lo primero ocurre cuando la Idea es examinada en tanto fuerza y efecto pero no por medio del mito sino en la frontera última de algo que se puede enseñar, de algo que puede ser transmitido a través de doctrinas. Luego la dialéctica comienza a oscilar, casi como si deseara tornarse mítica; la cercanía con el reino del más allá se percibe.

El sol no es la vista pero, al ser su *causa*, es visto por ella misma. [...] Es el vástago del Bien, al que el Bien ha engendrado análogo a sí mismo. De este modo, lo que en el ámbito inteligible es el Bien respecto de la inteligencia y de lo que se intelige, esto es el sol en el ámbito visible respecto de la vista y de lo que se ve. Los ojos, cuando se los vuelve sobre objetos cuyos colores no están ya iluminados por la luz del día sino por el resplandor de la luna, ven dé-

---

y su naturaleza. En el ámbito de lo que puede ser enseñado, en tanto representación, el arte, por ejemplo, es la sombra de una sombra, imitación de una imitación; en el mito y en tanto fuerza, en cambio, es nacimiento en el Eros y locura divina. Y sin embargo «nacimiento» y «locura» son *efectos* de la Idea: en la medida en que sin Idea no habría «nacimiento» ni «locura»; ambas cosas, aparentemente, se contradicen... Pero —dado que Platón es la totalidad y esta no tiene una sola dimensión— se contradicen solo aparentemente.

2   Hasta donde sé, Platón no intentó reducir, descomponer o derivar psicológica ni ontológicamente al «alma»; excepto que uno interprete el vínculo entre «alma» e «Idea» —en la medida en que cada una se deduce de la otra— en ese sentido.

bilmente, como si no tuvieran claridad en la vista. [...] Del mismo modo piensa así lo que corresponde al alma: cuando fija su mirada en objetos sobre los cuales brilla la verdad y lo que es, intelige, conoce y parece tener inteligencia. [...] Lo que aporta la verdad a las cosas cognoscibles y otorga al que conoce el poder de conocer, puedes decir que es la Idea del Bien. Y por ser causa de la ciencia y de la verdad, concíbela como cognoscible; y aun siendo bellos tanto el conocimiento como la verdad, si estimamos correctamente el asunto, tendremos *a la Idea del Bien* por algo distinto y más bello que ellas. (*República*, 508b-e)

Que el ser en sí y la Idea por sí misma carezcan de ser; que esta precise, para ser, de un poder distinto, del más allá, no puede ser inferido desde ninguna postura de la dialéctica ni de nada que pudiera compararse con una primacía de la razón práctica —la primacía kantiana fija un límite entre ambos tipos de razón que es desconocido para Platón—, sino únicamente de la fuerza arquetípica autónoma del alma. Lo «mejor del alma» contempla «lo mejor del ser»: la contemplación del bien se asemeja a la interacción y el vínculo entre la luz del ojo y la luz de la fuente originaria, entre «lo que tiene naturaleza solar» y el Sol mismo (532c). Lo «mejor del alma»; el mito del *Fedón* puede explicarlo: ¡«porque el pasto adecuado para la mejor parte del alma es el que viene del prado que allí hay»! ¿Y «lo mejor del ser»? El bien, «lo que toda alma persigue» (505d) en virtud de Eros —según lo que enseñaba el *Simposio*; en tanto miembro de una especie que lleva su auténtico nombre, Eros es «búsqueda del bien»—. El más allá en el que reina la Idea de Bien remite al fundamento originario en el que «alma» y dialéctica son una sola cosa.

Podría servir como punto de comparación el similar atravesamiento de fronteras al que asciende la dialéctica en la digresión metafísica del *Sofista*. Aquí la posición contraria a la de Platón es el dualismo eleático que suprime el conocimiento, el alma y la vida al negar la afectación recíproca de las Ideas; él dice allí: «gracias al cuerpo, comunicamos con el devenir a través de la sensación, y gracias al alma, a través del razonamiento, con la esencia real» (248a). Pero participar, se le responde, ¡es padecer o hacer por medio de una *fuerza*! Es inadmisible limitar el hacer y el padecer al ámbito del devenir y separarlos del ser. También el conocer y el ser conocido son un hacer y un padecer. En la medida en que el ser es conocido y padece también es movido: solo el estado de reposo desconoce todo padecer. Y aquí por un momento da un salto el tono y con el tono la posición del pensamiento; por un momento es atravesada una frontera que en cualquier otro caso es respetada:

> ¡Y qué, por Zeus! ¿Nos dejaremos convencer con tanta facilidad de que el cambio, la vida, el alma y el pensamiento no están realmente presentes en lo que es totalmente, y que esto no vive, ni piensa, sino que, solemne y majestuoso (como una imagen cultual), carente de intelecto, está quieto y estático? ¿Diremos acaso que tiene intelecto, pero no vida? Pero si decimos que tiene ambas cosas, ¿no afirmaremos que las tiene en un alma? [...] Pero al tener intelecto, vida y alma, lo que está animado, ¿permanecerá completamente quieto? (248e-249a)

Reemplazar aquí «alma» *[Seele]* por «sentido» *[Sinn]*, como ocurre con frecuencia, es nuevamente una modernización debilitadora. ¿Se le habría ocurrido a un griego afirmar, en lugar de que «una oración tiene sentido», que una oración tiene alma? La unidad y la entidad «vivientes» (entendido literalmente) del «alma» —ante todo ellas, y no solamente la unidad y entidad lógicas, las de un contexto que tiene sentido— exigen que sea superado el rígido dualismo entre ser y devenir, entre la identidad y el ser otro, que mata a la «vida» junto con el «conocimiento». El surgimiento del alma a partir de la dialéctica, la dotación de alma y de vida adjudicada al ser es, finalmente, el mismo fenómeno que el que se da cuando en el mito la Idea se vuelve el «pasto del alma». Es, finalmente, lo mismo que cuando en el *Timeo* las categorías del entendimiento, las Ideas de lo mismo y lo otro, mezcladas en la crátera mítica de la cosmogonía, engendran al alma del mundo. Alma, vida y cambio… No por nada esta tríada recuerda lo cósmico; es cósmica en el *Fedro* (cf. *supra*, p. *77*), en el *Timeo* y en las *Leyes* (895); pues lo arquetípico-cósmico y lo arquetípico-anímico coinciden en la última etapa de Platón. También lo «mismo» y lo «otro» tienen un significado anímico y cósmico junto con el lógico. Las formas superiores de la interconexión en el entendimiento, las reglas del conocimiento, se tornan poder, es decir, se tornan alma. La fuerza creadora y la cognoscitiva están separadas en tanto proceso: lo que no quita que en tanto energía se transforme la una en la otra tal como se transforma el mito en la dialéctica y la dialéctica en el mito.[3] El vínculo entre Idea y

3 Compárese con esto y con lo siguiente la diferenciación introducida con posterioridad entre lo que se ha llamado «actual» y «concreto» en la filosofía de Plotino (P.O. Kristeller, *Der Begriff der Seele in der Ethik des Plotin*, Tubinga, Mohr, 1929): concreta es una «vista», la «que se ocupa de los contenidos inherentes a todas las cosas sensibles»; «actual» es la otra «vista» «porque se efectúa con ella

mito es el anímico, el «irracional»; el vínculo entre Idea y dialéctica es el «racional», que por esta razón parece (aunque se trata de una mera apariencia) ser el más comprensible. La Idea es unidad frente a la dualidad: la polaridad llega hasta al lado de ella. Ella misma es unidad de la polaridad, tal como las fuerzas del alma son despliegue de la polaridad. Lo que en el ámbito lógico le corresponde hacer a la aritmética —que uno capte la esencia «saliendo del devenir» (*República*, 525b)— lo realiza, en lo anímico, como fuerza, la «catarsis» y la «locura divina». La «purificación» que experimenta cada órgano anímico por medio de un particular «estudio» (*República*, 527e) lo experimenta el alma por medio de la «purificación» de la muerte. Por sobre el «ascenso» que realiza la dialéctica en la *República* (517b) lleva en el *Fedro* el «ala del alma», en el *Simposio* Eros, el demon indigente. Lo «apenas y con dificultad» que se alcanza, como límite, al final de este ascenso en la *República* (517b-c) se asemeja, en el *Fedro*, a un combate, una caída y una derrota. La misma «reminiscencia» que en el *Menón* muestra la aprioricidad de los conceptos matemáticos, aparece en las escatologías del *Fedro* y la *República* e incluso también en el preludio o in-

---

en la conciencia una elevación interior, una actualización». Cf. también H.-R. Schwyzer, «Die zwiefache Sicht in der Philosophie Plotins», *Museum Helveticum* I, 1944, p. 99. El conflicto, en tanto conflicto entre la pregunta ontológica por el ser y la pregunta ética por el deber, encarnaría la pregunta fundamental de todo el filosofar. Igualmente F.J. Brecht, «Plotin und das Grundproblem der griechischen Philosophie», *Antike* 18, 1942, p. 84, : «Se trataba de descubrir el ser verdadero en la labor intelectual investigativa, pero simultáneamente de experimentar esta labor del espíritu como el camino del ser humano para la realización de su ser más propio». En Platón, de hecho, no solo se polarizan las «vistas» sino también las lenguas, respectivamente los modos de la experimentación y los modos de la realización.

terludio mítico del *Menón* mismo como una conciencia del origen en el alma. Esta misma «inversión» de la mirada, de lo «sensible» a lo «existente», del «abajo» al «arriba», de lo «oscuro» a la «luz», de la cual en la *República* se trata como de un resultado de los «estudios» (521c, 524c, 527b, etc.), se da en el *Fedón* como resultado de todo el diálogo, no solo como una demostración dialéctica sino como un poder del alma —como la obra del mito—. Lo que en otros casos es la lucha y el vínculo entre pensamiento y realidad es aquí la oposición y el vínculo entre anímico y lógico, entre mito y dialéctica; y en la esfera ideal es la relación entre la Idea con exponente anímico y la Idea con exponente dialéctico-lógico. Al igual que un mismo número, dependiendo del exponente, representa una superficie o un cuerpo, así también la Idea representa ya la unidad del conocimiento, ya el arquetipo y la fuente. El Uno a partir de este Dos sigue siendo el misterio de lo vivo, lo que

> no se puede precisar como se hace con otras ciencias, sino que después de una larga convivencia con el problema y después de haber intimado con él, de repente, como la luz que salta de la chispa, surge la verdad en el alma y crece ya espontáneamente. (*Carta VII*, 341c)

¿Qué enseña, pues, el mito sobre la Idea? Las cosas sensibles remiten a las Formas puras. Pero las Formas puras se presentan al mismo tiempo como normas. Lo inadecuado, al no alcanzar la coincidencia en la relación entre cosas sensibles y normas del conocimiento, entre saber aparente y auténtico saber, entre virtud aislada e Idea de Bien, etc., se presenta como un mantener distancia, como un no llegar, como un solo-participar (pues el participar no es el tener),[4] o como una «reminiscencia», un querer-regresar-arriba o un querer-estar-nuevamente-arriba, en el lugar del cual proviene el pasto de las cosas. La Forma pura es siempre al mismo tiempo un «debe», o un «debería». Pero este debería, en el alma, en tanto «vuelo» del alma, «engendramiento en lo bello», «automovimiento», es ya un paso hacia el mito. Y la cosa sensible, el ser humano, el mundo y todo lo que hay dentro de él, es siempre al mismo tiempo incapacidad: tal como es una incapacidad el reflejo en comparación con la luz originaria. Pero también esta incapacidad, en el alma, es, en tanto «cadena», «peso», «mancha», un paso hacia el mito. Conocemos solamente en la medida en que conocemos las cosas como algo que apunta en una dirección, uno podría decir como algo con un propósito, algo que «participa». Y solo conocemos en la medida en que la inclinación de las cosas se torna para nosotros mismos una vía que nos aleja de lo que tiene participación y nos dirige hacia aquello de lo cual participa. Si regresamos, vemos como con un rostro doble: un ojo ve las cosas pesadas y negras, como aparecen; en cambio el otro, nuestro ojo de luz, percibe los contornos lumínicos ideales: el estar contenido, la *parousía* de las Ideas en la cosa, este es el tercer paso hacia el mito. Puntos de partida posibles en dirección hacia el mito están dados tanto en la Idea como en el conocimiento como en el objeto de la percepción. Al mismo tiempo el mito se despliega en el reino del «alma» (pero en última instancia el mundo y el Estado no son nada distinto de esto), que a su vez no puede desplegarse sin el mito. Por medio de su entre-

---

4 Juego, en el original, entre *teilhaben* («participar», pero etimológicamente «tener-parte») y *haben* («tener»). *(N. del T.)*

lazamiento con el alma el mito se orienta, no solo en cuanto al contenido sino ya en su procedimiento, hacia la Idea, no de otro modo que el conocimiento dialéctico-científico. Pero ello, a pesar de todo, no quiere decir de ninguna manera que la Idea en sí misma conlleve algo mítico: si ella misma fuera mítica el mito dejaría de ser mito, símbolo; de igual modo, si fuera de carácter exclusivamente dialéctico-lógico, la lógica dejaría de ser ciencia con sentido. Idea es aquello que abre y llena de vida a todo lo que de otro modo sería un giro en círculos, algo que en sí mismo acaba en nada.

En el «debe» productivo, el contemplar y el hacer son uno. Este «debe» no es solo ético; el «debe» ético más bien es, por así decir, un caso particular. Del mismo modo en que, a la inversa, la «pureza» de la Idea, su distancia de lo sensible, no es solo una pureza lógica ni es solo metafísica: también lo puramente lógico es, por así decir, su caso particular; *katharón*, «puro», tiene la misma raíz que *kátharsis*: al «puro ser» objetivo le corresponde la catarsis como efecto en el alma. La Idea de Bien —«lo que toda alma persigue»—, que confiere al ser mismo la verdad y la cognoscibilidad, es, una vez más, en tanto su fundamento último, el mismo «debe» que ya está presupuesto en cada Idea, como presuposición de cualquier «puro ser». Suprimido este «debe», las Ideas de Platón se tornan inútiles y absurdas. Es una de las causas principales del «malentendido» aristotélico respecto de las Ideas el hecho de que Aristóteles no entendió este «debe» productivo —aunque no se puede decir que no entendió, puesto que, en última instancia, se trata aquí de algo que una persona tiene o no tiene (*Carta VII* de Platón)—. Incluso cuando el alumno todavía seguía al maestro ambos ya diferían, sin embargo, en cuanto a la primera cuestión, la cuestión del ser. El alma se fragmenta: ya no depende, como un todo, del ser. Ahora la ética se escinde como una disciplina filosófica aparte. El ser humano se divide en un ser humano «práctico» y otro «teórico». Así como se escinde el «debe» del ser, así ahora la «teoría», liberada de toda finalidad, deviene una pura contemplación desinteresada: el goce del espíritu conocedor con su propia energía. Con ello las formas se tornan delimitación y determinación; forma y contenido, pensamiento y realidad, concepto y cosa se delinean y se cierran al mismo tiempo; un genio de las formas como no hubo otro igual, ante cuya mirada se revela la forma de las plantas tanto como la del juicio, construye ahora su mundo. El cosmos aristotélico establece sus fronteras y le muestra a la Idea de Platón la salida, o, dicho con otras palabras, este cosmos se completa en la viva imagen de la «teoría» aristotélica.

Si, cuando abandonemos esta vida, se nos permitiera llevar una existencia inmortal en las Islas de los Bienaventurados, [...] ¿qué necesidad tendríamos [...] de las virtudes? No tendríamos necesidad del valor al no tenernos que enfrentar a ningún trabajo ni peligro, ni necesitaríamos la justicia, al no existir nada ajeno que pudiéramos codiciar, ni la temperancia para controlar a unos deseos que no existirían. Ciertamente, no tendríamos necesidad tampoco de la prudencia al no tenernos que ocupar de discernimiento alguno entre bienes y males. Así pues, seríamos felices con el puro conocimiento de la naturaleza y con la ciencia, que es lo único por lo que debe ser alabada la vida de los dioses. (Fragmento 12a)[5]

5 Aristóteles, *Fragmentos,* Madrid, Gredos, 2005, p. 178.

Así escribe el joven Aristóteles, el Aristóteles de los diálogos, mientras todavía se aferra a las Ideas de Platón —¿por
cuánto tiempo?—. Y aun así: comparemos este ideal de conocimiento aristotélico con la contemplación de las Ideas
del *Fedro*... La contemplación, ¡cómo es, allí, una elevación,
un acierto al blanco, un combate y una victoria! Aquí el
contemplar es una energía que —según el *Protréptico*— se
produce eternamente a sí misma como su propia obra. Sin
la «teoría» aristotélica no hay ciencia aristotélica ni método
aristotélico que se sostenga. De igual modo tampoco hay,
sin la contemplación originaria, sin el «recordar», sin atención a la «participación», sin fascinación por el arquetipo,
ninguna Idea en el sentido de Platón. El movimiento que se
lleva a cabo de manera incesante en el contenido filosófico
—de la cosa sensible al ideal, del ideal a la cosa sensible, un
camino permanente hacia arriba y de vuelta hacia abajo—
es también el movimiento del alma platónica. Solo gracias
a que la tensión y el movimiento en el problema filosófico
están en armonía con el movimiento en el alma puede la
dialéctica soportar el mito de esa misma manera en que el
mito puede hacerlo con la dialéctica. Solo así puede ocurrir
también que ambos se desarrollen al mismo ritmo.

Los mitos, comparables a lo bello en el *Fedro*, son reminis-
cencias nutritivas, «increíbles para los inteligentes pero creí-
bles para los sabios». Si creemos estar en el límite de toda
nuestra inteligencia, somos, comparables a un árbol que
quiere ser pura copa sin raíz, puro presente sin origen, pura
ciencia sin «reminiscencia». Hacer que recordemos nuestro
origen sigue siendo la tarea del mito según Platón. El alma
vive y muere junto con su figura originaria, como el árbol

con la dríada: el mito es su espíritu de crecimiento. En qué sentido resultaba lícito decir esto a propósito de Platón era lo que nos correspondía mostrar. Pero Platón es él mismo a su vez una copia de un arquetipo —es un mito de la creación: incluso en él los poderes del alma llevaron a cabo su cosmogonía.

Epílogo

El final del siglo xix y el comienzo del xx trajeron consigo una transformación fundamental del vínculo de la Modernidad europea con el mundo antiguo. Las representaciones clásicas a propósito de la «noble simplicidad» y «serena grandeza» del arte y la literatura de la Antigüedad, que era entendida como una época uniforme, fueron cuestionadas con fuerza cada vez mayor por el desarrollo de un pensamiento histórico-crítico. En reemplazo de una imagen uniforme de una Antigüedad clásica apareció el saber documentado históricamente acerca de la multiplicidad de sus aspectos y acerca de las cesuras, épocas y quiebres que hubo también en el seno del mundo antiguo. La personalidad fundante de esta nueva comprensión de la Antigüedad fue Ulrich von Wilamowitz-Moellendorff. En un esfuerzo superior a cualquier parámetro vigente, tanto en lo referido al alcance como en lo referido a la intensidad, consiguió esbozar un concepto integral para la interacción de todas las distintas ciencias de la Antigüedad y también llevar por sí mismo a la práctica en buena medida este concepto. Wilamowitz gozó por ello de la más elevada reputación no solo en Alemania sino también a nivel internacional. Fue motor y encarnación de esta nueva mirada sobre la Antigüedad.

Pero el nuevo acceso a los textos, monumentos y fuentes del mundo antiguo instaurado por el historicismo del siglo XIX sacó a la luz también, con una claridad cada vez mayor, la diferencia del propio presente respecto del mundo antiguo. Muchos llegaron a la convicción de que cuanto más saber obtenemos acerca de la especificidad histórica de la Antigüedad tanto más ajena se torna para nosotros esta época. Como fuera, la inmediatez con la que durante siglos se había tomado lo antiguo como modelo de imitación o como orientación en el ámbito estético, ético y político pareció definitivamente imposible.

Varios sintieron la pérdida de la tradición que acarreó este pensamiento histórico-positivista. Sin embargo, fue un discípulo de Wilamowitz, Karl Reinhardt, quien —sin volver a caer detrás del nivel alcanzado de conciencia histórica— pudo señalar, y argumentar de manera sutil y convincente, que esta nueva manera de pensar también conducía a un considerable estrechamiento de la mirada sobre sus objetos. Los grandes textos y monumentos artísticos que habían llegado hasta nosotros desde la Antigüedad y habían encontrado siempre nuevos admiradores a lo largo de nada menos que dos mil años no podían ser explicados completamente a partir de las condiciones históricas de su surgimiento ni reducidos a ellas. Un reporte a propósito de un senador o *pater familias* romano tal vez solo podría interesar a quien quisiera interiorizarse en la situación del siglo segundo o primero antes de Cristo en Roma. Pero la relación que existe entre ser y apariencia y la deriva trágica entre las exigencias de la libertad y las de la necesidad (por ejemplo), que los trágicos griegos tomaron como tema y esclarecieron en múltiples aspectos, no estaban atados a condiciones históricas puntuales. Por el contrario: como puso de relieve Karl Reinhardt en un libro sobre Sófocles, que resultó de lectura obligada para todo el siglo xx, se trataba aquí de temas —y de su comprensión intelectual y emocional— que siempre podían volver a ser relevantes en circunstancias históricamente diferentes.

Con la noción forjada por Foucault acerca de una arqueología intelectual puede describirse el procedimiento de Karl Reinhardt como la búsqueda de una arqueología, de un «desovillar» la cosa misma despojándola de sus revestimientos históricos.

A diferencia de lo que ocurría en la concepción sobre la disciplina que tenía Wilamowitz, para quien lo decisivo era, sobre todo, una aplicación consecuente y abarcadora del método, esta «arqueología» no debía ser llevada a cabo sencillamente por la revisión de testimonios y fuentes y su elaboración erudita. Karl Reinhardt tenía clara conciencia de que su tipo de filología debía proveer una reanimación de la antigua virtud filológica de una *subtilitas* hermenéutica en un nuevo nivel: un esmerado, reflexivo y analítico acto de entregarse a la cosa misma y su reconstrucción en el plano de una nueva conciencia.

Karl Reinhardt realizó de manera ejemplar esta tarea con muchas grandes e importantes obras y campos temáticos de la Antigüedad, empezando por Homero, el comienzo de la literatura europea, siguiendo por la tragedia griega y la filosofía de los presocráticos y la de Platón hasta llegar a la filosofía del helenismo. Con ello se convirtió, después de Wilamowitz y junto a él, en uno de los representantes más significativos de la filología clásica del siglo xx. Aun cuando su obra fue más escasa que la de su maestro, fue vista por muchos como una nueva fundación que mantenía a la Antigüedad protegida de la absoluta reducción a un pasado que ya solo resultara comprensible a partir de sí mismo y por ello también solo relevante para sí mismo. Lo que el acopio de materiales y su reelaboración eran para el método histórico lo fue para Reinhardt la interpretación reflexiva y comparativa de los textos mismos, llevada a cabo de manera intensiva.

Este abordaje de los textos antiguos caracteriza también al tratamiento de Reinhardt de los mitos de Platón.

La luminosidad y la frescura intelectual de sus interpretaciones no disminuyeron desde la primera publicación en el año 1927. Después de una reedición en Alemania, como parte de una publicación con varios de sus escritos breves (*Vermächtnis der Antike*, Gotinga, Vandenhoeck & Ruprecht, 1966), este escrito fue publicado nuevamente en 2002 en Rumanía, en 2007 en Francia (París, Gallimard) y en 2015 en Italia (Génova, Il melangolo). Este gran interés actual a nivel internacional ofrece un legítimo estímulo para una nueva edición también en Alemania.

Más importante que la documentación exterior del interés en este libro es el interés interno que las aclaraciones de Reinhardt siempre siguen despertando y mereciendo.

De acuerdo absolutamente con su máxima de no renunciar al nivel alcanzado por la investigación histórica, Reinhardt comienza con dos capítulos («La época», «La sociedad») en los que sitúa históricamente los caminos de Platón en dirección hacia un mito filosófico: cuáles eran los motivos, los problemas, los discursos a partir de los cuales Platón fue madurando la idea de una necesidad de completar al *lógos* de la argumentación filosófica con una forma nueva del *mŷthos*.

El primer capítulo («La época») aborda la forma equivocada (desde el punto de vista de Platón) de ilustración propia de la sofística, según la cual el *lógos* era, ante todo, un medio formal para el dominio de la sociedad y de la naturaleza en la práctica. Tampoco podía resultar suficiente, muestra Reinhardt, la forma socrática de interacción con la arrogación de racionalidad sofístico-técnica, puesto que también ella era parte, todavía, de una desacralización del mundo que ya no había dejado espacio para una comprensión interior del mundo, proveniente del alma del ser humano.

El capítulo siguiente («La sociedad») intenta reconstruir, a partir de los diálogos mismos, aquella vida sociable y social de la aristocracia en el siglo v, caracterizada por la mezcla urbana de lo serio y lo cómico, la cual también es reflejada de muchas maneras por el curso de los diálogos en Platón —con su cúspide en la discusión entre Sócrates y Aristófanes en el final del *Simposio,* a propósito de la unidad esencial de la tragedia y la comedia.

A Reihnardt le interesa sobre todo reconstruir el camino que conduce desde esta situación de «vacilación» hasta la concepción del mito por medio de Platón, cuando se sirve del *mŷthos* contra el *lógos* para luego volver a servirse del *lógos* contra el *mŷthos.*

Los capítulos siguientes se ocupan de los mitos puntuales que Platón introdujo en sus diálogos. Reinhardt comienza, en un apartado titulado «La irrupción», con los diálogos tenidos por relativamente tempranos, *Protágoras* y *Gorgias,* para pasar a continuación a los diálogos del período de madurez. Los mitos del *Fedro,* el *Fedón* y la *República* son analizados por Reinhardt ante todo en función del interés escatológico que los moviliza («Escatologías del período de madurez»). Contrapone estos mitos centrados en el final de la vida y la vida en el más allá a los «Mitos del período de vejez» (el *Político*, el *Timeo* y el *Critias*). Considera que el tema fundamental de estos últimos está definido sobre todo en el *Timeo*: así como el mundo visible sería una alegoría del invisible, así también el mito sería alegoría y copia del alma del ser humano formada por la contemplación de Ideas trascendentes.

Reinhardt hace nuevamente del vínculo entre mito e Idea, de acuerdo a sus sutiles interpretaciones individuales, el tema de un ensayo de cierre que intenta reunir las exégesis concretas en una imagen general.

Reinhardt —a quien Max Kommerell llamó «el más rico espíritu desde Hofmannstahl»—, cuyas interpretaciones poseen un sello individual con un preciso impacto propio, también está impactado por el espíritu epocal de comienzos del siglo xx. Un lector actual tal vez perciba esto en primer lugar en su *páthos* de devoción hacia Platón, marcado por la presencia de fuertes sentimientos. La distorsión, en la época entre 1933 y 1945, de casi todos los ideales elevados que existían en la sociedad, llevó en la posguerra a una abstención prácticamente ascética respecto a todo lo que pretendiera ser pasional y elevado. Esta desconfianza ha ido debilitándose y no rara vez cambia el rumbo en dirección hacia una nueva búsqueda de los antiguos ideales perdidos. Ello constituye, sin dudas, una parte no menor del atractivo que han conquistado (en parte, reconquistado) hoy para muchos las interpretaciones de Reinhardt.

También ocurre que el modo en el que Reinhardt interpreta no siempre es inmediatamente accesible al lector actual y además se aparta del uso actual de la maquinaria de producción científica de diversas maneras (a menudo redundando ello en un beneficio). En una primera aproximación, de superficie, Reinhardt parece estar limitándose a parafrasear los textos platónicos repitiéndolos. Pero al dirigir la mirada hacia lo que podría llamarse su «excavación arqueológica de los asuntos» se advierte que selecciona lo que desde su punto de vista es lo significativo y lo ordena en una red de conceptos fundamentales que hacen visible la relevancia práctica-emocional del texto para el lector (como se lo imagina Reinhardt) y con ello lo invitan a acompañarlo en el sentir y en el pensar. También allí donde las interpretaciones propuestas por Reinhardt ya no pueden ser defendidas (en parte o absolutamente) es la riqueza de incontables observaciones refinadas al nivel del detalle la que las torna fructíferas y atractivas.

Arbogast Schmitt

Obras de Platón
consultadas en la traducción

Diálogos I. Apología. Critón, Eutifrón, Ion, Lisis, Cármides, Hipias Menor, Hipias Mayor, Laques, Protágoras. Edición y traducción de J. Calonge Ruiz, E. Lledó Íñigo y C. García Gual. Madrid, Gredos, 1985.

Diálogos II, Gorgias, Menéxeno, Eutidemo, Menón, Crátilo. Edición y traducción de J. Calonge Ruiz, E. Acosta Méndez, F.J. Oliveri y J.L. Calvo. Madrid, Gredos, 1987.

Diálogos III, Fedón, Banquete, Fedro. Edición y traducción de C. García Gual, M. Martínez Hernández y E. Lledó Íñigo. Madrid, Gredos, 1988.

Diálogos IV, República. Edición y traducción de C. Eggers Lan. Madrid, Gredos, 1988.

Diálogos V, Parménides, Teeto, Sofista, Político. Edición y traducción de M.I. Santa Cruz, A. Vallejo Campos y N.L. Cordero. Madrid, Gredos, 1988.

Diálogos VI, Filebo, Timeo, Critias. Edición y traducción de M.A. Durán y F. Lisi. Madrid, Gredos, 1992.

Diálogos VII, Cartas. Edición y traducción de J. Zaragoza y P. Gómez Cardó. Madrid, Gredos, 1992.

Diálogos VIII, Leyes (libros I-VI). Edición y traducción de F. Lisi. Madrid, Gredos, 1999.

Diálogos IX, Leyes (libros VII-XII). Edición y traducción de F. Lisi. Madrid, Gredos, 1999.